Los consejos del psicólogo para superar el estrés

A pesar de haber puesto el máximo cuidado en la redacción de esta obra, el autor o el editor no pueden en modo alguno responsabilizarse por las informaciones (fórmulas, recetas, técnicas, etc.) vertidas en el texto. Se aconseja, en el caso de problemas específicos —a menudo únicos— de cada lector en particular, que se consulte con una persona cualificada para obtener las informaciones más completas, más exactas y lo más actualizadas posible. EDITORIAL DE VECCHI, S. A. U.

Subsidiary company of Confidential Concepts Inc, USA
ISBN: 979-8-89956-466-6

Roberto Rossi

LOS CONSEJOS DEL PSICÓLOGO PARA SUPERAR EL ESTRÉS

LA PSICOLOGÍA APLICADA A LA CALIDAD DE VIDA

dve PUBLISHING

Índice

Introducción

Numerosos estudios coinciden en considerar el estrés como una amenaza para la salud y el bienestar de las personas en la sociedad moderna. Alguien lo ha comparado con un asesino que actúa silenciosamente, capaz de producir una gran cantidad de efectos nocivos. A menudo, las presiones a las cuales estamos sometidos son, tomadas singularmente, pequeñas e irrelevantes, pero ello no significa que deban ser menospreciadas; es importante recordar que el estrés tiene la desagradable característica de acumularse con el tiempo. En consecuencia, puede suceder que se minimicen o se ignoren las pequeñas tensiones cotidianas hasta que nuestra salud, física y psicológica, recibe un duro golpe. ¿Por qué llegar hasta este punto?

En general, el estrés se manifiesta con estados de ánimo negativos: ansiedad, inquietud y agresividad son los síntomas que, con mayor frecuencia, indican que «el vaso está colmado». Cuando se va más allá de un cierto límite, nos volvemos intolerantes y agresivos; otras veces, nos encerramos en nosotros mismos como si la energía vital estuviese agotada. En estos casos es natural que, además de estar mal con nosotros mismos, nos encontremos también mal con los demás.

La capacidad de expresar los propios sentimientos, de vivirlos y entenderlos, tiene un papel importante para nuestro bienestar psicológico. La solución basada en acumular emociones y tensiones para no llevarlas al exterior no siempre funciona, porque los costes psicológicos son demasiado elevados y al final «se explota». Tampoco la alternativa de dar rienda suelta a las emociones tiene mejores resultados. Imagine, por ejemplo, qué podría suceder si en un momento de tensión con un compañero de trabajo decidiera expresar libremente lo que piensa.

Si ninguno de estos comportamientos resulta aceptable, ¿qué podemos hacer?

El objetivo de este libro es, por lo tanto, proveer de los instrumentos adecuados para mejorar la calidad de nuestra vida y aprender así a reconocer el estrés y las emociones negativas, a distinguir sus efectos positivos de los negativos y a desarrollar estrategias de contraste eficaces. Numerosos test constituirán una válida ayuda para este propósito. ¡Buena lectura y «buen trabajo»!

¿Qué es el estrés?

¿Quién, por lo menos una vez, no ha utilizado u oído la palabra *estrés*? Se trata de un término que ha entrado a formar parte, desde hace algún tiempo, del lenguaje común, pero del cual no siempre se conoce el significado exacto.

El estrés es una tensión interior que se origina cuando debemos adaptarnos a las presiones que actúan sobre nosotros.

Efectivamente, la vida está llena de sucesos y situaciones que ponen a prueba nuestra capacidad de adaptación.

Comprender el estrés es como descubrir la combinación para abrir una caja fuerte llena de objetos preciosos

De todas maneras, aun viviendo en un mundo difícil de entender y a veces también de soportar, no por eso estamos condenados a una escasa calidad de vida. Es más, debemos aceptar un reto importante: conseguir manejar las presiones a las cuales estamos sometidos, antes de que su peso sea excesivo, comprometiendo, de esa manera, nuestro equilibrio interior.

Con este propósito, es importante subrayar que cada uno de nosotros consigue tolerar un nivel diferente de tensión; hay muchas personas capaces de vivir de manera satisfactoria a pesar de estar sometidas a graves problemas familiares o de trabajo, mientras que otras se sienten ya aplastadas por cuestiones de importancia relativa. Además, cada uno tiene su propia visión de la vida: lo que representa una fuente de preocupación para nosotros podría no serlo para otros.

Aunque si bien es verdad que algunas situaciones son objetivamente difíciles de manejar (por ejemplo, la pérdida del trabajo), nuestra manera de evaluar la experiencia tiene un papel determinante en relación al estrés consiguiente.

Por este motivo, hay personas que consiguen adaptarse de manera brillante a ciertas situaciones, mientras que otras lo hacen con menos desenvoltura.

Para aprender a afrontar el estrés es importante, en primer lugar, reconocer cómo se manifiesta y aislar sus causas. En las páginas siguientes se ofrecen algunas indicaciones que nos podrán ser útiles para alcanzar este objetivo.

Cómo se manifiesta

El primer paso en el control del estrés consiste en reconocer el modo en que se manifiesta. De todas maneras, no siempre es fácil conseguirlo, puesto que estamos acostumbrados a no dar importancia a nuestro ritmo interior y a no reconocer las señales que nos indican cuándo ha llegado el momento de pararse.

El estilo de vida contemporáneo tiene un papel importante en este proceso: vivimos, desde luego, bajo la dictadura de los deberes y de las obligaciones, y el espacio que podemos dedicarnos a nosotros mismos se reduce cada vez más.

No debemos olvidar que las pequeñas tensiones cotidianas se acumulan con el tiempo; consecuentemente, se corre el riesgo de no darse cuenta de lo que sucede hasta el momento en el que la salud y las relaciones interpersonales empiezan a deteriorarse.

Además, es importante poner particular atención a los diversos indicadores del estrés.

Cuando la tensión llega a niveles críticos, los efectos, muy complejos, se hacen evidentes y dan lugar a una serie de reacciones que podríamos englobar en los tres tipos siguientes:

- físicas;
- psicológicas;
- de comportamiento.

Las reacciones físicas

Veamos algunos indicadores que nos pueden ayudar a entender el nivel de estrés que nuestro organismo está soportando. Ponga una cruz en los síntomas que usted ha notado:

☐	Dolor de cabeza
☐	Cansancio difuso
☐	Bruxismo (rechinar de los dientes durante el sueño)
☐	Elevada presión arterial
☐	Inquietud
☐	Disfunciones gástricas y disentería
☐	Impotencia
☐	Dolor de espalda
☐	Modificación del apetito
☐	Aumento del deseo de fumar
☐	Dificultad para dormir
☐	Frecuentes catarros y gripes
☐	Sueño irregular
☐	Disminución del deseo sexual
☐	Vaginitis
☐	Excesiva sudoración
☐	Aumento o pérdida de peso
☐	Temblores, tics nerviosos

Las reacciones psicológicas

El estrés, además de manifestarse a través del malestar físico, se expresa con síntomas psicológicos. Como en alguna ocasión habrá podido experimentar, la reacción psicológica se caracteriza por la presencia de fuertes emociones negativas. En la lista siguiente se relacionan aquellas que aparecen con mayor frecuencia; intente confrontarlas con sus reacciones habituales. Si los resultados le parecen descorazonadores, no se preocupe: en los capítulos siguientes encontrará indicaciones específicas para manejar las emociones negativas de manera eficaz.

☐	Ansiedad
☐	Susceptibilidad
☐	Tristeza
☐	Sensación de no ser tenidos en consideración
☐	Irritabilidad excesiva
☐	Indecisión
☐	Escasa confianza en uno mismo
☐	Inquietud
☐	Sensación de inutilidad
☐	Falta de entusiasmo
☐	Sensación de no tener el control de la situación
☐	Pesimismo hacia la vida
☐	Dificultad para afrontar situaciones que en otros momentos se manejaban con tranquilidad
☐	Imagen negativa de uno mismo
☐	Alejamiento afectivo
☐	Sensación de melancolía durante la mayor parte del día
☐	Preocupación excesiva
☐	Infelicidad
☐	Inseguridad
☐	Tono de humor depresivo
☐	Incapacidad para disfrutar de eventos y circunstancias agradables

Las reacciones de comportamiento

Las reacciones físicas y emotivas se expresan a través de ciertas actitudes características; también en este caso, compruebe cuáles de ellas son para usted las más comunes.

☐	Fumar excesivamente
☐	Olvidos frecuentes
☐	Aislamiento
☐	Conflictos frecuentes
☐	Escaso empeño al ejecutar las propias obligaciones
☐	Tendencia a polemizar
☐	Desgana
☐	Absentismo laboral
☐	Dificultad de concentración
☐	Dificultad para aceptar responsabilidades
☐	Aumento o reducción del consumo de alimentos
☐	Dificultad para mantener las obligaciones contraídas
☐	Escaso interés por la propia persona
☐	Indiferencia hacia los demás

Reconocer el estrés y sus síntomas nos ayuda a aceptar que ha llegado el momento de pararse, reflexionar sobre la situación y plantearse algunas preguntas: «¿qué me está pasando?, ¿por qué me estoy volviendo tan intolerante?, ¿por qué he perdido las ganas de hacer las cosas?, ¿qué le ha sucedido a mi sentido común?».

Para encontrar la respuesta adecuada es importante aislar las posibles fuentes o causas del estrés. En otras palabras, es necesario reconocer cuáles son los orígenes de nuestra reacción.

Las causas

La reacción de estrés se debe a una serie de factores que podemos agrupar en tres grandes categorías:

- acontecimientos grandes y pequeños imputables al ambiente externo;
- acontecimientos y situaciones relacionadas con el ambiente de trabajo;
- estilo de vida, actitudes, ideas ligadas al carácter.

El ambiente exterior

En el curso de la vida afrontamos con frecuencia situaciones que necesitan un esfuerzo continuado de adaptación, algunas más comunes, otras menos frecuentes.

Numerosos estudios han intentado determinar el valor estresante de ciertos acontecimientos. Entre ellos, la contribución más notable se debe a Rahe y Holmes, quienes elaboraron un test (del cual presentamos una versión adaptada) que permite medir el número e intensidad de los eventos estresantes. Para responderlo, intente recordar los acontecimientos acaecidos en el curso del último año, confróntelos con los de la lista, y asígneles el valor sugerido. Al final, sume los valores para calcular la puntuación.

TEST DE HOLMES Y RAHE

Evento estresante	*Intensidad del estrés*	
Muerte del cónyuge	100	
Divorcio	73	
Separación	65	
Prisión	63	
Muerte de un pariente	63	
Enfermedad personal	53	
Matrimonio	50	
Pérdida del lugar de trabajo	47	
Reconciliación conyugal	45	
Jubilación	45	
Enfermedad de un familiar	44	
Embarazo	40	

(Continuación)

Evento estresante	*Intensidad del estrés*	
Dificultades sexuales	39	
Ingreso de un nuevo componente en el núcleo familiar	39	
Variación de las posibilidades económicas	39	
Muerte de un amigo	37	
Cambio del tipo de obligaciones en el propio trabajo	36	
Variación en el número de enfrentamientos con el cónyuge	35	
Contratación de una hipoteca de valor elevado	31	
Privación del derecho de rescatar una hipoteca	30	
Cambio de responsabilidades en el trabajo	29	
Alejamiento de un hijo o una hija de casa	29	
Problemas con la ley	29	
Intento de afirmación personal	28	
Inicio o cese de la actividad laboral de la mujer	26	
Inicio o fin de un curso académico	26	
Cambio de las condiciones de vida	25	
Cambio de las costumbres personales	24	
Problemas de relación con los superiores	23	
Cambio de los horarios de trabajo	20	
Cambio de residencia	20	
Cambio de escuela	20	
Cambio de afición	19	
Cambio de creencia religiosa	19	
Cambio en las relaciones sociales	18	
Petición de un préstamo de valor moderado	17	
Cambio de los ritmos sueño-vigilia	16	
Variación de las costumbres alimentarias	15	
Vacaciones de verano	13	
Vacaciones cortas	12	
Leve transgresión de la ley	11	
Total		

Según Holmes y Rahe, las personas que totalizan más de 200 puntos en un año tienen el 50 % de probabilidad de tener problemas serios de salud.

El porcentaje aumenta (75 %) para aquellos que han superado la puntuación de 300, mientras que para un total menor de 50 puntos desciende al 35 %.

Considerando que la lista comprende tanto eventos positivos (matrimonio, nacimiento de hijos) como negativos (divorcio, despido), nos podemos preguntar por qué un acontecimiento feliz puede determinar una reacción de estrés.

Para responder a esta pregunta, intentemos imaginar qué puede suceder cuando se es promovido a un cargo de mayor responsabilidad. Después de un primer momento de alegría, el interesado probablemente empezará a percibir que la promoción implica cambios importantes (trabajar con personas que antes se conocían sólo de vista, construir con ellos relaciones significativas, adquirir nuevas competencias, etc.). Por eso, a la vez de indiscutibles ventajas económicas y profesionales, se perfilan cambios que pueden ser origen de notables reacciones de estrés.

A la luz de estas consideraciones se puede establecer el siguiente principio general: todo evento —tanto positivo como negativo— que nos obliga a efectuar cualquier tipo de cambio, es origen de estrés. Por otra parte, este será tanto más intenso cuando más radicales sean las adaptaciones que se deban efectuar.

También los pequeños problemas cotidianos pueden provocar estrés. Cotidianamente, en efecto, cada uno de nosotros se enfrenta con múltiples situaciones desagradables: viajar durante las horas punta, recibir una noticia que deshace nuestros planes, compartir un espacio con un fumador maleducado, hacer una larga cola en el banco o en correos, tener un problema con un vecino de la vivienda, mantener la rutina cotidiana (despertar a los hijos, acompañarlos al colegio, llegar puntual al trabajo, etcétera).

Obviamente se trata de pequeños problemas, fastidios que cada uno de nosotros se ha acostumbrado a soportar.

También estos tienen el poder de debilitar nuestra capacidad de resistencia, sobre todo si se repiten con regularidad y se presentan frecuentemente.

El mundo del trabajo y la vida profesional

La ocupación laboral y el deseo de promocionarse profesionalmente juegan un papel fundamental en la vida de cada uno. El trabajo es fuente de ingresos y nos permite planificar proyectos según nuestras exigencias. Un padre de familia está seguramente más tranquilo si cada fin de mes puede contar con un sueldo fijo, lo cual es positivo tanto para él como para el núcleo familiar que sustenta. También para los jóvenes el trabajo es importante porque les permite construir un futuro y afirmar su propia independencia de los padres.

Pero ¿cuánto cuestan estos beneficios? ¿Qué precio se debe pagar para obtener un reconocimiento profesional? Desgraciadamente, hay que considerar que con frecuencia el trabajo es una fuente de notables tensiones. ¿Cuántas veces nos hemos sentido oprimidos, hemos tenido la sensación de estar poco considerados, hemos tenido roces con los compañeros por los motivos más triviales o hemos ido al trabajo aun estando indispuestos? Nadie es inmune al estrés que genera el trabajo, cualquiera que sea su posición jerárquica, desde el simple empleado al director con mayor responsabilidad.

Para aislar y comprender las presiones a las cuales su ambiente de trabajo le somete, lea atentamente cada pregunta del siguiente cuestionario e indique con qué frecuencia se ha encontrado en situaciones parecidas.

¿Es estresante su trabajo?	Nunca	Raramente	Alguna vez	Con frecuencia	Siempre
¿Ha empezado alguna vez un trabajo nuevo antes de haber terminado el precedente?	1	2	3	4	5
¿Ha aceptado encargos de trabajo aun sabiendo desde el principio que disponía de escasos recursos?	1	2	3	4	5
¿Le sucede que no puede disfrutar del resultado conseguido en el trabajo?	1	2	3	4	5
¿Le resulta difícil entender cuáles son sus obligaciones?	1	2	3	4	5
¿Ha habido transformaciones en su empresa?	1	2	3	4	5
¿Está insatisfecho con el trabajo que realiza?	1	2	3	4	5
¿En su empresa es mejor decir sí a todo?	1	2	3	4	5

(Continuación)

	Nunca	Raramente	Alguna vez	Con frecuencia	Siempre
¿Acepta hacer cosas que no le corresponden?	1	2	3	4	5
¿Le es difícil entender lo que sus superiores esperan de usted?	1	2	3	4	5
¿Le resultan difíciles las relaciones con sus compañeros?	1	2	3	4	5
¿Hace horas extraordinarias?	1	2	3	4	5
¿Recibe llamadas de trabajo en casa?	1	2	3	4	5
¿Piensa en el trabajo cuando está en casa?	1	2	3	4	5
¿Habla del trabajo con sus amigos?	1	2	3	4	5
¿Se lleva trabajo a casa durante las vacaciones?	1	2	3	4	5
Total					

Puntuación comprendida entre 15 y 29
Si su puntuación está comprendida entre 15 y 29, probablemente ha encontrado la manera de afrontar las dificultades del trabajo. Podría ser útil intentar reflexionar sobre sus puntos fuertes para entender los motivos del éxito.

Puntuación comprendida entre 30 y 48
Si ha totalizado una puntuación comprendida entre 30 y 48, probablemente su situación laboral no comporta excesivas tensiones. Con alguna excepción, consigue bastante bien moverse entre las obligaciones y es capaz de afrontar los compromisos. No obstante, preste atención a aquellas situaciones laborales en las que ha indicado: «con frecuencia» y «siempre»; anótelas, porque podrían representar puntos débiles.

Puntuación superior a 48
Si su puntuación es superior a 48, preste atención: es verdad que para vivir es necesario trabajar, pero para trabajar bien es necesario vivir bien; podemos decir «demasiado es demasiado». Dé al trabajo el lugar que se merece y no le permita entrometerse demasiado en su vida. Durante los siguientes capítulos encontrará algunas nociones útiles para llegar al equilibrio interior.

EL *BURNOUT*

El término *burnout*, acuñado en 1974 por el psicoanalista Freudenberger, se utiliza para describir una situación de fuerte cansancio mental e intelectual causado por niveles elevados de estrés profesional.

Veamos algunos síntomas típicos:

- ausencia del placer de trabajar;
- inquietud interior y desazón;
- cinismo en relación con los demás;
- ausencia de iniciativa, claudicación;
- excesivos conflictos en relación con el entorno;
- evaluación negativa de uno mismo;
- disgusto y repulsión hacia el trabajo;
- ausencia de empatía;
- indiferencia;
- actitud negativa exagerada;
- frecuentes conflictos con los demás;
- pérdida de las esperanzas;
- resentimiento;
- sensación de impotencia;
- evaluación negativa de las propias fuerzas;
- rigidez exasperada;
- aislamiento.

Como es fácil de entender, estos síntomas no se presentan de golpe. El *burnout* puede ser considerado un proceso con una fase inicial en la cual se presentan los siguientes comportamientos y sensaciones:

- dificultad para desplazarse hasta el lugar de trabajo;
- actitud negativa hacia la propia profesión;
- extensión de las pausas laborales (por ejemplo, la reservada al café);
- sensación de ser explotado;
- excesiva vinculación a los procedimientos legales;
- rigidez (concentración en las propias obligaciones y rechazo hacia la ejecución de trabajos diferentes);
- dificultad para escuchar a los demás;
- falta de energía.

(Continúa)

Si entre las actitudes indicadas ha reconocido alguna que se adapta a su situación, probablemente usted sea candidato al *burnout*. Atención, esto no significa que esté «condenado» sin apelación a una condición de agotamiento; al contrario, reconocer estar bajo riesgo le sitúa en condiciones óptimas para evitar lo peor. Efectivamente, el *burnout* puede evitarse ya sea a través de cambios internos (es decir, modificando las propias actitudes hacia el trabajo), o bien mediante cambios externos (por ejemplo, pidiendo el traslado a otras ocupaciones o mejorando las propias capacidades de gestión de las situaciones críticas).

LAS PERSONAS MÁS EXPUESTAS AL *BURNOUT*

- Los gerentes y los administradores. En general, las personas que ocupan posiciones de una cierta importancia.
- Los operadores que trabajan en el ámbito de actividades socialmente útiles: maestros, educadores, asistentes sociales.
- Los idealistas.
- Aquellos que deben enfrentarse con un ambiente laboral hostil y alejado de las propias exigencias.
- Las personas que ocupan posiciones inferiores a sus capacidades; por ejemplo, un licenciado en leyes empleado como telefonista tiene un riesgo elevado de desarrollar aversión hacia su trabajo.
- Las personas que han presenciado el hundimiento de sus expectativas profesionales.
- Aquellos que utilizan el trabajo para demostrarse a sí mismos y a los demás que son unos vencedores.
- Los empleados que se encuentran en una situación laboral difícil de mejorar.

El carácter

También nuestra actitud hacia la vida tiene un papel decisivo en la generación de la reacción de estrés. La imagen que tenemos de nosotros mismos, nuestras opiniones, los valores y los objetivos que perseguimos, con frecuencia nos empujan más allá de nuestro nivel óptimo de tensión y reducen nuestra capacidad de afrontar los desafíos cotidianos.

En otras palabras, *los acontecimientos del mundo externo por sí mismos no tienen el poder de provocar en nosotros una tensión*; mucho depende, desde luego, de nuestras opiniones sobre lo que es importante en la vida. Por ejemplo, si una persona piensa que es fundamental estar siempre a la altura de la situación, después de cada intento fallido tendrá la impresión de haber fracasado, se sentirá incompetente e inadecuada. Obviamente, se trata de un punto de vista irracional, porque es imposible conseguir hacer frente a todas las eventualidades. Aquellos que buscan obtener siempre lo mejor de sí mismos, olvidan un concepto quizá banal pero fundamental: *no somos perfectos, somos seres humanos y como tales susceptibles de error.*

¿Cuáles pueden ser otras actitudes que desencadenan su preocupación? A pesar de que es imposible hacer una lista completa (cada persona es única), frecuentemente las personas que desarrollan una reacción de estrés están convencidas de que para vivir bien es importante:

- ✔ evitar cualquier fatiga;
- ✔ ser apreciado por todo el mundo;
- ✔ demostrar que se es el mejor;
- ✔ tener siempre el control de uno mismo y evitar los conflictos;
- ✔ asumir una posición de poder;
- ✔ haber tenido una infancia feliz.

Naturalmente, cada uno comparte uno o más de estos puntos de vista, pero no todos. ¿Se reconoce en alguno?

Una contribución especial al estudio del estrés y del papel que tiene en la personalidad, ha sido elaborada por Friedman y Rosenman. A ellos debemos la descripción de la personalidad de «tipo A», de la cual probablemente también usted habrá encontrado algún ejemplo entre sus amigos. Se trata de sujetos ocupados, competitivos, inquietos, impacientes, siempre activos y dispuestos a emprender nuevas iniciativas, aun cuando eso podría llevarles a descuidar la vida familiar. El test le ayudará a entender si su carácter presenta características parecidas a las descritas.

¿Es una persona de «tipo A»?

Sujetos pertenecientes al «tipo A» en mutua competición

	Nunca	Raramente	Alguna vez	Con frecuencia	Siempre
Cuando espero algo (un paquete, una información) pienso sólo en eso	1	2	3	4	5
Puedo discutir animadamente con las personas	1	2	3	4	5
Cuando tengo que esperar en una cola (en correos, en el banco) me pongo nervioso	1	2	3	4	5
Los demás disminuyen el valor de las cosas que hago	1	2	3	4	5
Me sucede que hago más de un trabajo a la vez	1	2	3	4	5
Estoy demasiado ocupado para poderme permitir desarrollar actividades recreativas (jugar a fútbol, ir en bicicleta, correr, etc.)	1	2	3	4	5
Mis familiares se lamentan porque no paso suficiente tiempo con ellos	1	2	3	4	5
Me doy cuenta de estar más capacitado que otras personas	1	2	3	4	5
Cuando debo hacer un trabajo me esfuerzo para realizarlo en el tiempo más breve posible	1	2	3	4	5
Pienso siempre en lo peor	1	2	3	4	5
Levanto la voz	1	2	3	4	5
Me resulta difícil aceptar las críticas	1	2	3	4	5
Me gustaría que mis superiores apreciaran mis cualidades	1	2	3	4	5
Me considero mejor que las personas que me rodean	1	2	3	4	5
Cuando no hago nada durante un cierto periodo de tiempo me siento mal	1	2	3	4	5
Total					

Si la puntuación es inferior 48, su competitividad está dentro de la norma. *Si ha obtenido una puntuación superior a 48,* es una persona de «tipo A» y muy probablemente la actitud que asuma en relación con la vida es excesivamente competitiva y le expone al riesgo del estrés.

Las señales de alarma

Es oportuno subrayar que el estrés no nos alcanza inmediatamente con manifestaciones negativas. Cada vez que estamos expuestos a una presión aunque sea mínima, nuestro organismo responde. Se activa una alarma interna que nos advierte del peligro. Una ligera irritación, una vaga sensación de insatisfacción, un ataque de rabia son, en consecuencia, índices de algo que nos ha turbado. En tales circunstancias, en nuestro cuerpo entran en circulación numerosas sustancias químicas (endorfinas, adrenalina, noradrenalina) que nos proporcionan la energía necesaria para afrontar el problema a través de la lucha o de la fuga (porque para escapar también necesitamos energía).

El estrés por sí mismo no es pues una reacción negativa. Dentro de un cierto límite, de hecho, nos proporciona la fuerza necesaria para afrontar las dificultades de manera objetiva y eficaz. De todas maneras, el problema surge cuando la tensión se extiende en el tiempo. En este caso, el estado de alerta prolongado acaba por debilitarnos y reduce las defensas inmunitarias.

Con frecuencia, no nos damos cuenta de lo numerosas que son nuestras adaptaciones a las novedades. El ritmo habitual de vida, desde luego, no nos deja mucho tiempo para pararnos a reflexionar. Vamos hacia delante, hacemos como si nada nos ocurriera y nos decimos a nosotros mismos: «Un pequeño esfuerzo más, y después...». Desgraciadamente, no podemos pasar de un cierto límite; antes o después nuestra eficiencia física y psicológica disminuye. En ese momento, nuestra capacidad de adaptación se agota y aparecen los síntomas negativos (véanse páginas 14 y 15).

¿Se puede vivir sin estrés?

El estrés es un fenómeno inevitable. ¿Qué podría suceder si nuestra vida se desarrollase siempre de la misma manera, sin ninguna preocupación? Después de un periodo inicial más o menos breve de serenidad, empezaríamos a sentirnos cansados, aburridos, sin estímulos ni retos para afrontar. Recordaríamos, entonces, con nostalgia las largas colas en la autopista, las huelgas de los transportes públicos, las discusiones con los compañeros de trabajo y los vecinos.

Un cierto nivel de estrés ayuda a las personas a sentirse «vivas» y a mejorarse. Este estado de tensión fisiológica (física y mental) no sólo nos proporciona el combustible necesario para afrontar los retos y las presiones que inciden sobre nuestra vida, sino que además nos permite alimentar nuestra autoestima. Con frecuencia los resultados de un buen trabajo no sólo pagan por los esfuerzos aplicados, sino que ayudan también a aumentar la seguridad en las propias capacidades. Para asegurar una buena calidad de vida, *la solución no consiste en eliminar el estrés, sino en mantener nuestro organismo y nuestra mente en un nivel de tensión óptima.*

El estrés, por tanto, no lleva necesariamente a consecuencias negativas. Existe, de hecho, una tensión positiva (*eustress*, del griego *eu*, bueno) y una negativa (*distress*, del griego *dis*, afijo que indica algo negativo o destructivo).

El *eustress* tiene lugar cuando las presiones que gravitan sobre nosotros están dentro de un límite tolerable. El *distress*, por su parte, se desarrolla cuando durante un periodo más o menos largo de tiempo estamos sometidos a situaciones que superan nuestra capacidad de enfrentamiento.

En estos momentos debería tener una comprensión más precisa del fenómeno del estrés, de la manera cómo se manifiesta y de las fuentes de las cuales proviene. Antes de proceder con la lectura del capítulo siguiente, lea las afirmaciones que siguen y decida si son verdaderas o falsas. Confronte sus respuestas con las de la página posterior. Si algo no le resulta claro, lea las secciones de los capítulos en las cuales se tratan los argumentos dudosos.

SUS CONOCIMIENTOS ACERCA DEL ESTRÉS	*Verdadero*	*Falso*
1. El estrés es un estado de tensión interno del organismo	☐	☐
2. El estrés puede ser controlado sólo si se cambia el ambiente circundante	☐	☐
3. En un mundo ideal no existe el estrés	☐	☐
4. El estrés es siempre un fenómeno negativo	☐	☐
5. El estrés puede ser controlado	☐	☐
6. Las experiencias agradables nunca son estresantes	☐	☐
7. El estrés lo causa sólo el ambiente circundante	☐	☐
8. Lo que es estresante para una persona lo es también para otra	☐	☐

(*Continuación*)	Verdadero	Falso
9. Un nivel moderado de estrés puede tener efectos positivos sobre la autoestima	☐	☐
10. No es posible evitar el estrés	☐	☐
11. Es importante distinguir entre estrés positivo y estrés negativo	☐	☐
12. Sólo aquellos que desarrollan ocupaciones sencillas están sujetos al estrés	☐	☐
13. El estrés es una enfermedad	☐	☐
14. Es posible eliminar el *distress*	☐	☐

1. Verdadero: ¿recuerda la definición dada al inicio del capítulo?
2. Falso: para manejar el estrés es importante conocerse.
3. Falso: el estrés forma parte de la vida.
4. Falso: el estrés, el positivo, nos ayuda afrontar los retos de la vida.
5. Verdadero: podemos evitar tensiones inútiles.
6. Falso: incluso las experiencias agradables pueden ser estresantes.
7. Falso: también las opiniones sobre lo que es importante en la vida pueden determinar la reacción de estrés.
8. Falso: cada persona es única.
9. Verdadero: el estrés positivo puede hacernos más fuertes.
10. Verdadero: sin embargo, es posible evitar el estrés negativo.
11. Verdadero: es indispensable.
12. Falso: también los dirigentes pueden estar estresados.
13. Falso: el estrés es un fenómeno natural, pero si se prolonga en el tiempo puede dar lugar a síntomas negativos.
14. Verdadero: este es el objetivo que nos proponemos obtener.

Reconocer el estrés

Para conseguir manejar las tensiones es necesario reflexionar acerca del propio estrés.

Aunque al inicio todo esto pueda resultar laborioso no debe descorazonarle, porque los beneficios que puede conseguir le pagarán con creces los esfuerzos realizados.

Para ayudarle en la tarea de evaluar su estrés personal se han preparado algunos test y cuestionarios.

En la primera parte de este capítulo se analizan esencialmente los síntomas que se suelen experimentar con mayor frecuencia; la segunda parte, en cambio, está dirigida al examen de las causas que originan el estrés.

Cada vez que complete un test o cuestionario, lea atentamente el perfil explicativo correspondiente a la puntuación que ha obtenido. Esto le permitirá desarrollar una visión global de su situación personal y el diseño de un plan de acción.

Al final, si lo desea, podrá preparar un plan de acción personalizado. ¡Buen trabajo!

Cómo se manifiesta

¿Qué tipo de señales le pueden hacer entender que está bajo presión o en tensión?

Para responder a esta pregunta puede referirse a las reacciones (físicas, psicológicas, de comportamiento) tratadas en el capítulo precedente; en cualquier caso, es libre de añadir otras nuevas.

Cite en orden de importancia el modo como suele reaccionar ante las tensiones y asigne a cada una de ellas un valor que esté comprendido entre uno y diez.

Finalmente calcule su puntuación.

Reacciones físicas	Valor	Reacciones de comportamiento	Valor	Reacciones psicológicas	Valor
....	......	....	......	....	......
....	......	....	......	....	......
....	......	....	......	....	......
....	......	....	......	....	......
....	......	....	......	....	......
....	......	....	......	....	......
....	......	....	......	....	......
Total		Total		Total	

Las reacciones físicas

Si ha obtenido una puntuación particularmente alta en las reacciones físicas hay dos explicaciones posibles: o su nivel de estrés es más bien elevado, o quizá posee una estructura física especialmente sensible y dispuesta a reaccionar ante cualquier estímulo. De todas maneras, puede serle muy útil dedicar una mayor atención a las necesidades de su organismo; prestar atención a uno mismo y al propio cuerpo es desde luego una costumbre que hay que adquirir y mantener. En el capítulo siguiente podrá encontrar algunas indicaciones útiles para este fin; en algunos casos podría ser aconsejable incluso una visita médica.

Si por el contrario sus tensiones no se expresan a través de malestar físico, no cometa el error de desinteresarse por su estado de salud: quizá sea más afortunado que otros, pero esto no es motivo suficiente para tirar demasiado de la cuerda.

¿QUÉ SON LAS ENFERMEDADES PSICOSOMÁTICAS?

Se definen como psicosomáticas aquellas enfermedades físicas determinadas por fenómenos psíquicos y por tensiones emocionales. Según los psicólogos, están sujetos a este tipo de enfermedades aquellos que tienen dificultad para entrar en contacto con sus propios sentimientos y comunicarlos; tienen poca imaginación y con frecuencia son fríos e insensibles a los ojos de los demás. De todas maneras, las emociones encontrarán siempre la manera de expresarse, si no a nivel consciente, abriéndose camino a través del cuerpo.

Entre las principales enfermedades psicosomáticas se encuentran: úlcera, asma, hipertensión, hemicrania, psoriasis, etc.

Las reacciones psicológicas

¿Son las reacciones psicológicas las que le han dado la puntuación más elevada? Si la respuesta es afirmativa probablemente tenga necesidad de desarrollar una mayor consciencia de su vida emotiva. Para usted puede ser particularmente útil leer en profundidad los capítulos dedicados a las emociones.

Las reacciones psicológicas del estrés pueden ser muy debilitantes

Las reacciones de comportamiento

¿Ha obtenido la puntuación más alta en relación con las reacciones de comportamiento? Probablemente las tensiones a las que está expuesto le conducen a asumir actitudes y comportamientos que, al final, podrían «complicarle la vida» y deteriorar sus relaciones con los demás. Para hacer frente a esta situación es importante trabajar para introducir más equilibrio en la propia vida y adquirir algunas habilidades específicas que le hagan capaz de afrontar los retos cotidianos. A este propósito, ponga particular atención al capítulo «Administrar la propia vida» (véase la página 59).

Las causas

Como hemos visto, el fenómeno del estrés puede ser originado ya sea por eventos externos, es decir, provenientes del ambiente que nos circunda, o por elementos de nuestro mundo interior. Los test que siguen le ayudarán a entender cuáles son las circunstancias y los factores que provocan mayores tensiones, en qué ocasiones tienen lugar estas reacciones de estrés y cuáles son los aspectos de su carácter que pueden favorecerlas.

El ambiente exterior

En la tabla de la página 32 se citan en orden de importancia todas las «pequeñas molestias» cotidianas que provienen de su ambiente vital. A cada una se asigna además un valor comprendido entre 1 y 10. Olvídese de momento de las dificultades que se encuentran en el lugar de trabajo; de esto nos ocuparemos posteriormente.

Los problemas cotidianos

Familia[1]	*Valor*	*Amistades*[2]	*Valor*	*Ambiente*[3]	*Valor*
....	......	....	......	....	......
....	......	....	......	....	......
....	......	....	......	....	......
....	......	....	......	....	......
....	......	....	......	....	......
....	......	....	......	....	......
....	......	....	......	....	......
....	......	....	......	....	......
....	......	....	......	....	......
Total		Total		Total	

1. Relaciones difíciles con los suegros, acompañar los niños a la escuela.
2. Sensación de ser explotados, de no ser apreciados.
3. Ruido, relaciones conflictivas con los vecinos, tráfico.

La información que puede obtener de la compilación de la tabla y del test de Holmes y Rahe (en el capítulo precedente) le ayudará a responder a algunas preguntas: «¿Cuáles son las fuentes de estrés a las que está expuesto? ¿Qué momentos de su vida son particularmente estresantes?».

El test de Holmes y Rahe proporciona una medida global del impacto que los eventos de la vida ejercen sobre el individuo. En otros términos, si ha obtenido una puntuación elevada, probablemente ha transcurrido un año intenso y rico de cambios. Esto le podría exponer al riesgo de desarrollar una reacción negativa de estrés.

La tabla «Los problemas cotidianos», por otra parte, podría ayudarle a entender qué sector de su vida le resulta particularmente estresante. Si efectivamente quiere reducir su nivel de tensión es mejor intervenir en el ámbito en el que se desarrolla, y utilizar los otros ámbitos como oportunidades para recargar energía. Habrá que evitar por tanto «contaminar» los sectores hasta ahora inmunes.

«¡Encuentro siempre la manera de llevar mi estrés a cuestas!»

El mundo del trabajo y la vida profesional

Para entender el papel jugado por el ambiente de trabajo en la determinación de su relación con el estrés, se han elaborado algunos test en relación con el clima de convivencia (es decir, la relación con los compañeros), necesidades laborales y la imagen de la empresa (lo que piensan de ella). Rellene el cuestionario y calcule su puntuación.

EL CLIMA RELACIONAL

Con mis compañeros de trabajo	*Con ninguno*	*Con pocos*	*Con alguno*	*Con casi todos*	*Con todos*
Es fácil colaborar	1	2	3	4	5
Hacer una excursión	1	2	3	4	5
Puedo hablar de mis secretos	1	2	3	4	5
Es difícil pelear	1	2	3	4	5
Siempre es posible charlar de manera agradable	1	2	3	4	5
Es fácil ser honesto	1	2	3	4	5
Es posible discutir de manera constructiva	1	2	3	4	5
Hay poca competición	1	2	3	4	5
Hay un clima positivo	1	2	3	4	5
Puedo hablar libremente	1	2	3	4	5
Me gusta ir a tomar el café	1	2	3	4	5
Consigo asumir bien mis obligaciones	1	2	3	4	5
No tengo problemas en repartir el trabajo	1	2	3	4	5
Otros	1	2	3	4	5
Total					

Puntuación inferior a 42

Si ha obtenido una puntuación inferior a 42, evidentemente las relaciones con sus compañeros están cargadas de tensiones. Conflictos, dificultad de comunicación y quizás el temor de ser juzgado, son el fondo de su jornada laboral. ¿No le gustan sus compañeros? Tranquilícese, pocas son las personas que pueden escogerlos. La solución de limitar las relaciones no siempre funciona, es más, algunas veces produce efectos contrarios. Los demás podrían pensar que se cree superior y en consecuencia los problemas acabarían por aumentar. Probablemente se encontraría mucho mejor en su ambiente de trabajo si consiguiera encontrar una manera de establecer contacto con los compañeros. Esto significa que también usted debería renunciar a algo.

Puntuación comprendida entre 42 y 56

Si ha obtenido una puntuación comprendida entre 42 y 56, probablemente las relaciones con sus compañeros son bastante serenas. Aunque hay altos y bajos, globalmente el clima que se respira indica que en su empresa es posible estar bien. Quizá la única nota particular está en relación al hecho de que tienda a ser reservado. ¿Es así en todas las circunstancias o sólo en el trabajo?

Puntuación superior a 56

Si su puntuación supera 56, es afortunado. En el trabajo no es fácil encontrar una disponibilidad real hacia el diálogo. Si, además de estas ventajas, también las relaciones con su superiores son positivas, probablemente le será muy difícil cambiar de empleo y, llegado el momento, jubilarse.

El próximo test que le proponemos tiene por finalidad ayudarle a reflexionar sobre las necesidades que experimenta en el interior de su ambiente de trabajo.

Como podrá notar, hay afirmaciones que indican algunas necesidades laborales; en la columna A, indique lo importante que es esa necesidad para usted; en la columna B, indique lo importante que es esa necesidad para su empresa.

Para calcular la puntuación, sume separadamente los valores de cada columna. Recuerde que el total de la columna A tiene siempre valor positivo, mientras que el de la columna B tiene valor negativo; por ejemplo, si ha obtenido un valor +25 en la columna A y uno de –22 en la columna B, la puntuación global es: +25 – 22 = 3.

LAS NECESIDADES LABORALES

	Columna A Para mí es					*Columna B Para mi empresa es*				
Para poder desarrollar bien el trabajo necesito	*Muy importante*	*Importante*	*Bastante importante*	*Poco importante*	*Nada importante*	*Muy importante*	*Importante*	*Bastante importante*	*Poco importante*	*Nada importante*
Un clima sereno	5	4	3	2	1	5	4	3	2	1
Conocer la política seguida por la empresa	5	4	3	2	1	5	4	3	2	1
Tener mayores responsabilidades	5	4	3	2	1	5	4	3	2	1
Tener un sueldo más alto	5	4	3	2	1	5	4	3	2	1
Ser reconocido por el trabajo desarrollado	5	4	3	2	1	5	4	3	2	1
Conocer los objetivos	5	4	3	2	1	5	4	3	2	1
Ser consultado en las decisiones que tienen que ver conmigo	5	4	3	2	1	5	4	3	2	1
Seguir cursos de formación	5	4	3	2	1	5	4	3	2	1
Saber que es posible la promoción	5	4	3	2	1	5	4	3	2	1
Tener superiores más enérgicos	5	4	3	2	1	5	4	3	2	1
Tener a disposición más tiempo para desarrollar mis deberes	5	4	3	2	1	5	4	3	2	1
Ser más autónomo	5	4	3	2	1	5	4	3	2	1
Establecer relaciones de colaboración	5	4	3	2	1	5	4	3	2	1
Poder introducir cambios	5	4	3	2	1	5	4	3	2	1
Saber claramente mis obligaciones	5	4	3	2	1	5	4	3	2	1
Saber que es posible hacer trabajos nuevos y diferentes	5	4	3	2	1	5	4	3	2	1
	Total columna A +					Total columna B -				

Cálculo de la puntuación	Total columna A +	Total columna B -	Puntuación total =

Puntuación superior a +10

Se ha obtenido una puntuación superior a +10, es probable que su ambiente de trabajo no ofrezca una satisfacción completa a sus necesidades. En tal caso, es importante prestar atención, porque si esa situación de frustración perdura por mucho tiempo podría caer en el *burnout*. Podría ser útil intentar entender si las necesidades que experimenta pueden ser satisfechas. ¿Es exagerado? ¿Son imposibles de satisfacer? Si las respuestas a estas preguntas son positivas, es decir, piensa que en su empresa no tiene ninguna esperanza de ver satisfechas sus exigencias, quizá sería mejor aceptar la realidad de las cosas. Con esto no queremos sugerir resignación, pero es inútil malgastar el tiempo y las energías para combatir contra molinos de viento. Es mucho más productivo dedicarse a los proyectos que tienen mayores posibilidades de éxito. Si piensa que hay alguna posibilidad de ver satisfechas sus necesidades, quizá sea el momento de intentar ponerse en marcha para conseguir este objetivo.

Puntuación comprendida entre +9 y -7

Si su puntuación está comprendida entre +9 y -7, probablemente el ambiente de trabajo satisface más o menos sus necesidades. Quizás algunas exigencias no están del todo satisfechas, pero eso no le impide pensar que en general se encuentra bien. Una situación como esta podría considerarse como una adaptación lograda.

Puntuación inferior a -8

Si ha obtenido una puntuación inferior a -8 (por ejemplo: -9; -10; -11), la situación en la cual se encuentra es muy particular. En este caso, efectivamente, su empresa tiene exigencias que no considera adecuadas. Intente entender cuáles son las cosas en las que no está de acuerdo. Esto podría ser muy útil porque le ayudaría a conseguir una mayor consciencia de los motivos por los que algunas veces siente que el trabajo se hace demasiado agobiante.

Concluimos ahora el análisis del estrés laboral con un último test sobre la imagen de la empresa. En la siguiente lista de adjetivos señale aquellos que mejor se adaptan a su ambiente de trabajo. Para hacerlo dispone de dos minutos.

A veces, el ambiente de trabajo puede ser muy hostil

LA IMAGEN DE LA EMPRESA

♣ Colaboradora	♦ Agresiva	♦ Hostil	♦ Invasiva
♣ Estimulante	♦ Fría	♣ Respetuosa	♦ Intolerante
♦ Áspera	♣ Dulce	♦ Vieja	♣ Acogedora
♣ Calurosa	♦ Peliaguda	♦ Agotadora	♦ Ansiosa
♦ Apresurada	♣ Relajante	♣ Tolerante	♦ Caótica
♣ Nueva	♣ Ordenada	♦ Fea	♣ Bonita
♦ Confusa	♣ Tranquila	♣ Disponible	♣ Joven

Cálculo de la puntuación	*Número de adjetivos* ♣	*Número de adjetivos* ♦

Mayoría de ♣

Aunque algunos aspectos de su ambiente de trabajo no le gusten, en general el clima que se respira es positivo. Esto se expresa también en su actitud, disponible y cordial hacia los demás. Esto no significa que no se enfade nunca, pero tiene la capacidad de superar tales situaciones y de afrontarlas, cuando es posible, de manera constructiva.

Paridad entre ♦ *y* ♣

Cualquier ambiente en el cual se desarrolla nuestra vida presenta características positivas y negativas, no existe la perfección. Esto también es cierto para los ambientes de trabajo. Sus respuestas reflejan por lo tanto una concepción común, pero en la práctica esto le puede crear dificultades. Probablemente le atrae su trabajo, pero simultáneamente algo le aleja de él. Claramente no se trata de una situación fácil de manejar; nutre, desde luego, sentimientos ambivalentes y esto podría incidir negativamente en su rendimiento. Para usted podría ser útil intentar focalizar con precisión qué es lo que no le gusta de su trabajo y lo que, por el contrario, le gratifica. Durante esta reflexión intente tener presente: las relaciones con los compañeros, las relaciones con los superiores y su satisfacción profesional.

Mayoría de ♦

Quizá no le guste su ocupación, o quizá no le guste el ambiente en el cual la desarrolla. En cualquier caso, lo que es cierto es que para usted, despertarse por la mañana para ir a trabajar no es nada agradable. Sólo pensar en entrar en la empresa en la que está empleado, le hace sentirse cansado antes de tiempo; esto influye negativamente sobre su disponibilidad a colaborar. Aunque su visión de la empresa corresponda a la realidad, recuerde que lo mejor es intentar siempre optimizar las propias posibilidades.

El carácter

Para concluir el análisis de las causas de estrés es importante examinar también la actitud con la cual afrontamos la vida. Como ya hemos precisado en el capítulo precedente, nuestra manera de pensar y de evaluar los eventos tiene un papel importante en la reacción de estrés. El cuestionario que sigue le ayudará a detectar algunos aspectos de su carácter.

Lea atentamente las siguientes afirmaciones y, para cada una de ellas, indique en qué medida está de acuerdo con ellas, escogiendo cada vez entre las siguientes cinco respuestas: nunca, raramente, alguna vez, con frecuencia, siempre.

¿CUÁL ES MI ACTITUD?

Grupo A	*Grupo B*	*Grupo C*
Me gusta tener las cosas en orden	Los cumplidos de los demás me hacen estar bien	En general consigo dar lo mejor de mí ....
No me gustan los imprevistos	Soy sensible a las opiniones que los demás tienen de mí	Cuando obtengo un resultado, lo debo a mis capacidades ....
Si tengo que hacer algo intento organizarme lo mejor posible	No consigo decir que no	La vida es una competición: gana el mejor ....
Prefiero hacer las cosas a mi manera	Me gusta que me busquen	La idea de ser considerado un incompetente me hace estremecer ....
Sé perfectamente hasta dónde puedo llegar	Tengo siempre en buena consideración la opinión de los demás	Me gusta saber que lo que hago requiere mucha habilidad ....
Normalmente sigo la regla: «primero el deber, después el placer»	Los demás consiguen fácilmente hacerme cambiar de idea	Algunas veces he escuchado personas que sabían menos que yo ....

(Continuación)

Grupo A	Grupo B	Grupo C
No me gusta ser interrumpido mientras trabajo	Evito decir lo que pienso por temor a herir a las personas	Cuando me desafían me empeño al máximo para ganar ....
Creo que un sistema de vida bien ordenado es el más adecuado para mí	No me desagrada que me digan lo que tengo que hacer	Los demás me dicen que tengo la tendencia a alardear de mis capacidades ....
Antes de tomar una decisión sobre un asunto lo examino desde todos los puntos de vista	Las críticas me ponen en una situación desagradable	Cuando frecuento un curso me gusta saber que soy el mejor ....
Cuando me empeño en una actividad tengo que tener bien presente cómo acabará	Me preocupo cuando creo que los demás no aprueban lo que hago	A veces me gusta vanagloriarme de mis éxitos ....
Me esfuerzo para estar seguro de que las cosas que hago sean justas	No me gustan los conflictos	Soy emprendedor ....

Para calcular la puntuación, asígnese:

1 punto para cada respuesta «nunca»

2 puntos para cada respuesta «raramente»

3 puntos para cada respuesta «alguna vez»

4 puntos para cada respuesta «con frecuencia»

5 puntos para cada respuesta «siempre»

Totales
Total grupo A ....
Total grupo B ....
Total grupo C ....

El perfil al cual pertenece es aquel en el que haya obtenido la puntuación más elevada.

Grupo A

Es una persona que tiende a evitar situaciones comprometidas e inesperadas. Da la impresión de aspirar a un mundo ordenado y sujeto a previsión. Consecuentemente, esta actitud suya le lleva a reaccionar de manera negativa a los imprevistos y también a los cambios repentinos. Probablemente sea un buen organizador, emprendedor, pero no siempre consigue expresar sus capacidades. La importancia que da al sentido del deber, con frecuencia le impide bajar las defensas y exponerse al riesgo de ser más natural con las demás personas.

Grupo B

Demuestra no tener mucha consciencia de su valor. Podría tener más confianza en sus capacidades y en vez de eso se preocupa de lo que piensa la gente de su manera de ser y de reaccionar. Cada uno de nosotros, para estar bien, necesita ser apreciado y reconocido, pero si esas exigencias se hacen demasiado importantes nos arriesgamos a ser víctimas de la opinión que de nosotros tienen los demás. Además, pasividad y generosidad, si son excesivas, con frecuencia permiten a las personas beneficiarse a su costa y no respetarle. Comience a afirmar sus opiniones de manera decisiva y amigable y no se preocupe demasiado por la opinión de los demás: quizá sus amigos quedarán sorprendidos pero con el tiempo será apreciado.

Grupo C

Tiene una idea bastante elevada de sus habilidades y competencias, el juicio de los demás no le crea demasiadas preocupaciones o problemas. Busca la independencia y está empeñado en una especie de lucha para obtener el reconocimiento del mundo externo. Le empuja el deseo de demostrarse a usted mismo y a los demás sus capacidades. Esta actitud representa un fuerte estímulo que le podría permitir la consecución de metas ambiciosas; es importante, de todas maneras, prestar atención a no anteponer todo a su necesidad de realización personal. Cuando se llega a una meta importante es bonito festejar, pero si en su vida se aleja de todos, ¿con quién compartirá su alegría?

«Me gusta demostrar que puedo sostener ritmos de trabajo exagerados»

Algunas reglas que debe recordar

En general, cuando una persona empieza un viaje, ha decidido, por lo menos a nivel general, un destino. Comprando este libro quizás ha pensado que podría ser útil aventurarse a conocer el mundo del estrés y de las emociones negativas.

Se ha trazado una meta y, aunque sólo sea por curiosidad, quiere llegar hasta el final. Para tener éxito en este intento le podría ser muy útil tener una visión completa de la situación.

Esto le permitiría completar su «viaje» en el conocimiento del fenómeno del estrés de manera directa, sin correr el riesgo de «paradas» inútiles que podrían hacerle perder de vista la meta y convertir en inútiles los esfuerzos. Cuando se decide cambiar algunos aspectos del propio carácter y del propio estilo de vida, es necesario hacerlo decididamente. Esto le evitará muchas desilusiones.

A este propósito, durante la elección del recorrido que quiere completar, tenga en cuenta las siguientes indicaciones:

• *Cada cambio deseado requiere de un empeño más o menos fatigoso*. Algunas actitudes están fuertemente arraigadas en nuestro carácter; aunque nos hagan sufrir y sean el origen de nuestro estrés, no será fácil modificarlas: estamos acostumbrados y, para bien o para mal, son parte de nuestra manera de ser. Esto no significa que sea imposible cambiar; si quiere alcanzar determinados objetivos, son necesarios voluntad, tiempo y paciencia. Las estrategias antiestrés propuestas en los capítulos siguientes son eficaces sólo si se practican con constancia.

• *Tenga paciencia*. Nadie puede cambiar de hoy para mañana. Cada modificación tiene lugar siempre de manera gradual. Consecuentemente, mentalícese de que para alcanzar ciertos objetivos será necesario un cierto número de etapas.

• *Establezca objetivos claros, precisos y mínimos*. Esto le ayudará a trabajar sobre usted mismo con mayor claridad y a reconocer cada progreso, por pequeño que sea. Más que el deseo de ser feliz, es más útil aclarar qué aspectos del carácter pueden ser cambiados para poder vivir mejor. Por ejemplo, «quisiera liberarme del estrés del trabajo» es un objetivo demasiado general y ambicioso, además de ser difícil de alcanzar; «me gustaría conseguir negarme a las peticiones exageradas de mi jefe» es, en cambio, un objetivo mucho más específico y viable.

Para diseñar su plan de acción puede utilizar la siguiente ficha resumen.

MI ESTRÉS

Síntomas físicos	*Síntomas psicológicos*	*Síntomas de comportamiento*
....	....	....
....	....	....
....	....	....
....	....	....

Relacionado principalmente:

- ☐ con el trabajo
- ☐ con el ambiente familiar
- ☐ con la amistad
- ☐ con el carácter
- ☐ con el ambiente en general
- ☐ con otras cosas

Mi trabajo es estresante porque:

....

....

Mi familia es estresante porque:

....

....

Mis amistades son estresantes porque:

....

....

Los aspectos de mi carácter que me provocan estrés son:

....

....

El ambiente en el cual vivo es estresante porque:

....

....

Otras fuentes de estrés son:

....

....

Los objetivos que quisiera alcanzar son:

Muy importante	*Importante*	*Poco importante*
....	....	....
....	....	....
....	....	....
....	....	....
....	....	....

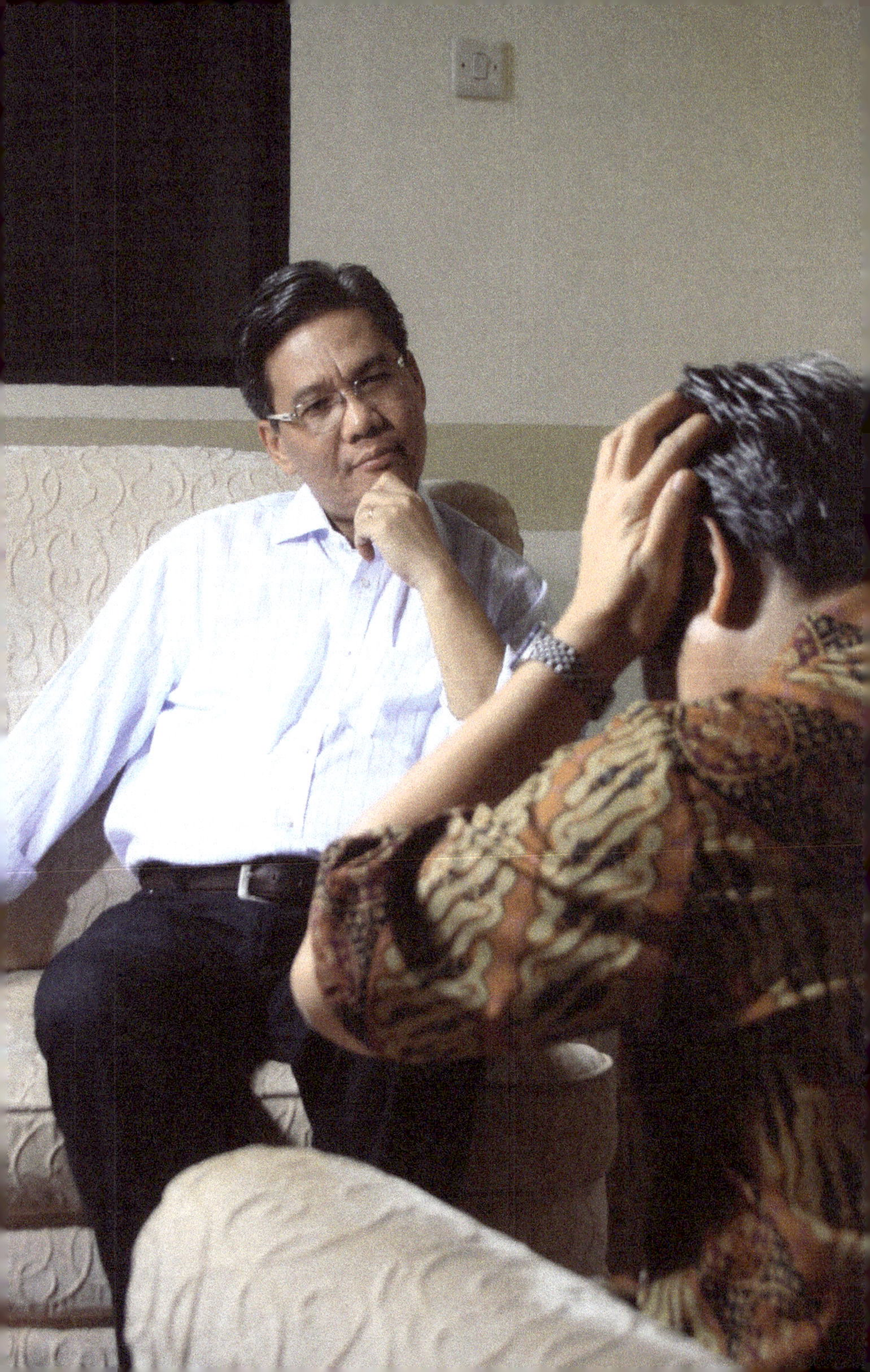

Mantenerse en forma

«Puedo conseguirlo..., puedo conseguirlo..., un cuarto de hora más y después...»

Una vez entendido el concepto de estrés y de qué manera el fenómeno en cuestión interfiere en su vida cotidiana, ha llegado el momento de actuar. En este capítulo se le presentarán algunas estrategias para contrarrestar los efectos del estrés sobre el organismo. Antes de proceder será importante aclarar lo que significa «mantenerse en forma».

Vivimos en un periodo de profundas innovaciones tecnológicas. La investigación científica en el campo de la medicina ha dado lugar a descubrimientos sensacionales y muchas otras metas están por llegar. Gracias a la cirugía plástica podemos mejorar nuestro aspecto, mientras que los laboratorios farmacéuticos se aplican para descubrir productos curativos y de belleza: cremas anticelulíticas, integradores vitamínicos, bálsamos especiales para los cabellos, píldoras para adelgazar y para combatir la impotencia sexual. ¿Estamos, pues, cerca de la meta de escoger el aspecto que deseemos? Incluso reconociendo la importancia de la imagen exterior, lo más correcto sería no exigirle demasiado a nuestro organismo, al cual, con frecuencia, le imponemos sacrificios excesivos. El deseo de comparecer bellos, sanos y robustos nos empuja a dedicarnos a actividades y a adquirir costumbres que, con el paso del tiempo, provocan más daños que beneficios: se empiezan dietas «masacrantes» en la búsqueda de un aspecto mejor; se frecuentan gimnasios para desarrollar los músculos; se corren kilómetros y kilómetros cada día para eliminar las calorías en exceso. En tales casos no podemos decir que estamos cuidando nuestro físico; al contrario, lo exponemos a un estrés ulterior. Aprendamos pues a escuchar a nuestro cuerpo, a «tratarlo como a un amigo» y a satisfacer así sus necesidades.

La actividad física

Un método eficaz para garantizarse cierto bienestar consiste en realizar ejercicio. Se ha demostrado que una actividad física constante produce numerosos beneficios, y en particular:

- ayuda a sentirse bien con uno mismo y con los demás;
- mejora el aspecto físico;
- mejora el sistema cardiocirculatorio;
- tonifica y relaja los músculos;
- mejora nuestro rendimiento;
- alivia el peso de las preocupaciones.

Para obtener estos resultados es importante seguir reglas bien precisas:

• *Utilice material adecuado.* El consejo es válido no sólo si se escoge un deporte muy técnico, por ejemplo el esquí o el tenis: aunque decidamos practicar una actividad física simple como correr, es importante escoger con atención las zapatillas y la ropa. Esto nos evitará tropezar con fastidiosos inconvenientes.

• *Proceda de manera gradual.* Para conseguir resultados excelentes es necesario empezar desde el escalón más bajo y realizar un paso cada vez. También los mejores deportistas siguen este principio. *No se ponga al comienzo objetivos demasiado ambiciosos*; es mejor fijarse pequeñas metas. Esto le ayudará a disfrutar de cada pequeño éxito. No exagere. También en este caso puede aplicarse el viejo proverbio: «demasiado es demasiado». Si después de la actividad física advierte dolores que duran más de dos días quizás haya exagerado.

• *Evite la confrontación con otras personas.* No olvide nunca el motivo por el cual ha decidido empezar una actividad física: la atención hacia su organismo. Si se da cuenta de que está insatisfecho porque los resultados son inferiores a los de otros, quizá sea el momento de preguntarse: ¿he escogido esta actividad para demostrar a alguien que soy el mejor? Si este es su objetivo, quizá sea mejor optar por una actividad en la que no haya competición.

• *Sea constante.* Los beneficios que se pueden obtener de una actividad física necesitan una cierta constancia: practicar la gimnasia un par de veces al mes sirve de muy poco.

• *No corra riesgos inútiles.* Tenga en cuenta su seguridad. Si corre solo, escoja pistas seguras; si va en bicicleta, póngase el casco; si hace excursiones, siga los recorridos aconsejados o vaya con un guía experto.

• *Escoja la compañía.* La actividad física puede ser también una buena ocasión para encontrar gente, para hacer amistades, hablar y divertirse. Si puede, escoja deportes que se puedan practicar en grupo.

Ahora, pues, no le queda más que escoger la práctica deportiva más adecuada a sus exigencias.

SU ACTIVIDAD FÍSICA

	Carrera	Patinaje	Esquí	Body building	Aeróbic	Tenis	Voleibol	Ciclismo	Baloncesto	Bici. estática	Fútbol	Natación	Trekking	Paseos	Parapente	Excursionismo
Si no está en forma					■					■				■		
Si no puede gastar dinero	■								■		■					
Si prefiere quedarse en casa					■					■						
Si le gusta el deporte en grupo							■		■		■					
Si prefiere estar solo	■	■	■	■						■		■			■	
Si no tiene demasiado tiempo	■									■						
Si está en buena forma física	■	■	■	■	■	■	■	■	■	■	■	■	■	■	■	■

La alimentación

Cuidarse uno mismo también quiere decir prestar atención a los alimentos que se consumen. Una correcta alimentación es fundamental para disfrutar de buena salud, pero desgraciadamente se trata de una costumbre todavía poco difundida. Para evaluar su comportamiento alimentario puede recurrir a un simple cuestionario.

SU COMPORTAMIENTO ALIMENTARIO	*Nunca*	*Raramente*	*A veces*	*Con frecuencia*	*Siempre*
¿Mira la televisión comiendo?	1	2	3	4	5
¿Consume platos preparados?	1	2	3	4	5
¿Consume alimentos fuera de los horarios de comida?	1	2	3	4	5
¿Consume sus alimentos velozmente?	1	2	3	4	5
¿Con qué frecuencia come de manera inadecuada (comida rápida, en coche, en el bar)?	1	2	3	4	5
¿Hace menos de tres comidas al día?	1	2	3	4	5
¿Lee el periódico cuando come?	1	2	3	4	5
¿Dedica menos de media hora para cada comida?	1	2	3	4	5
¿Ha seguido dietas demasiado rigurosas?	1	2	3	4	5
¿Cuando está nervioso tiende a reducir o a aumentar el consumo de alimentos?	1	2	3	4	5
¿Come siempre los mismos alimentos?	1	2	3	4	5
¿Bebe más de tres cafés al día?	1	2	3	4	5
¿Consume bebidas alcohólicas fuera de las comidas?	1	2	3	4	5
¿Come poca fruta y verdura?	1	2	3	4	5
¿Su intestino es perezoso?	1	2	3	4	5
Total					

Si ha obtenido una puntuación no superior a 46 puntos, sus costumbres alimentarias son sustancialmente correctas y saludables. *Si ha obtenido una puntuación superior,* probablemente el estilo de alimentación que siga supone un estrés excesivo para su físico.

Para una alimentación correcta podemos tomar como referencia algunos principios generales:

- ✓ Aprenda a distinguir el «hambre» del simple capricho. Para satisfacer un deseo no es necesaria una comida completa, nos podemos limitar simplemente a beber un zumo de fruta o una infusión; si lo prefiere, coma una fruta.
- ✓ Evite la ingestión de alimentos fuera de las comidas, manténgase ocupado en otras actividades.
- ✓ Cuando esté enfadado o frustrado no descargue sus sentimientos en la comida porque esto empeoraría la situación.
- ✓ Antes de comer haga actividad física; le ayudará a mejorar el apetito.
- ✓ Dedique a la comida la misma atención que dedica a las cosas que tiene en consideración.
- ✓ Evite consumir sus comidas de pie: en esa posición se anda, pero no se come.
- ✓ Coma cantidades adecuadas de fruta y verdura.
- ✓ Evite el consumo excesivo de cafeína y bebidas alcohólicas.
- ✓ Evite las comilonas en las fiestas y celebraciones.

La comida puede ser un placer si se consume con moderación

¿Perder peso?

En nuestra cultura, la imagen exterior juega un papel importante. Son siempre más numerosas las personas dispuestas a notables sacrificios para obtener un físico «envidiable». Con frecuencia los medios de comunicación nos proponen como modelos, hombres y mujeres de cuerpo perfecto, que parecen decirnos: «Si quieres ser deseado/a tienes que ser como yo». Si está pensando en empezar una dieta, pregúntese acerca de las motivaciones reales que le empujan a hacerlo y confronte sus respuestas con las siguientes:

- ✓ Soy feo.
- ✓ Así demuestro a los amigos del gimnasio quién es más esbelto.
- ✓ Estoy cansado de oírme decir que soy simpático y agradable.
- ✓ Quiero ser admirado por las personas.
- ✓ Quiero gustar a mi pareja.
- ✓ Estoy cansado de ser considerado «entradito en carnes».

Si se reconoce en alguna de las afirmaciones precedentes, le aconsejamos vivamente reflexionar sobre su decisión de perder peso. Es mejor tener algún kilo en exceso que entrar en competición con el mundo y con usted mismo. Recuerde que en este tipo de competición la derrota está asegurada. Si todavía considera necesario adelgazar aténgase a algunas reglas elementales:

- ✓ Para emprender una verdadera dieta siempre es mejor consultar a un dietista.
- ✓ Evite dietas masacrantes.
- ✓ Mantenga un diario en el cual se indiquen: los alimentos que consume, los momentos del día en los cuales come y su estado de ánimo correspondiente. Esto le ayudará a no perder de vista lo que sucede.
- ✓ No se ponga objetivos exagerados, evite las «misiones imposibles». Reparta la meta definitiva en muchas pequeñas. Esto le ayudará a considerar con más benevolencia su dedicación.
- ✓ Evite transformar la dieta en una prisión. Si se da cuenta de que su vida social se limita excesivamente y que esto le produce malestar, entonces es mejor optar por un sistema más gradual. Quizá, de esta

manera, empleará más tiempo para adelgazar, pero como compensación no perderá sus amistades.

- No se olvide de realizar actividad física.

Antes de emprender una dieta, responda al test siguiente; le ayudará a entender cuáles son las motivaciones que le hacen desear la pérdida de peso.

LOS MOTIVOS PARA PONERSE A DIETA	*Nunca*	*Raramente*	*Alguna vez*	*Con frecuencia*	*Siempre*
Cuando observo a los demás noto sus defectos físicos	1	2	3	4	5
Evito ponerme vestidos que ponen en evidencia mis defectos	1	2	3	4	5
Desapruebo a las personas que ostentan de su físico poniéndose vestidos llamativos	1	2	3	4	5
Cuando me miro al espejo no me gusto	1	2	3	4	5
Pienso que si tuviera un físico más esbelto muchos aspectos de mi vida mejorarían	1	2	3	4	5
Para mí la dieta es una prueba de fuerza conmigo mismo/a	1	2	3	4	5
Pienso que las personas que tienen mayor disponibilidad económica pueden adelgazar porque recurren a soluciones quirúrgicas	1	2	3	4	5
He intentado adelgazar durante este año	1	2	3	4	5
He seguido dietas rigurosas	1	2	3	4	5
Creo que ha llegado el momento de ponerme a dieta	1	2	3	4	5
Total					

Si ha obtenido menos de 32 puntos, tiene una buena consideración hacia su persona.
Si ha sumado más de 32 puntos, es mejor que antes de empezar la dieta adquiera mayor confianza en usted mismo.

Para conseguir perder peso es necesario, además de los consejos de un buen dietista, una actitud libre de prejuicios, resentimientos y otras preocupaciones.

Quizá ya sepa lo que significa seguir un régimen alimenticio riguroso y se habrá dado cuenta de que es mucho más agotador de lo que podía haber imaginado.

A veces, el enemigo que nos impide perseguir los objetivos reside en nosotros mismos: no convierta el deseo de adelgazar en una obsesión.

Empiece a mirarse con indulgencia, no cargue sobre su físico culpas que no le pertenecen y no se enfade con las personas más delgadas que usted; ellos no son culpables de su aspecto.

Sólo cuando consiga liberarse de las tensiones relacionadas con la idea de delgadez, estará preparado para afrontar con éxito una dieta.

Un viejo dilema

La relajación

Se ha demostrado que la práctica constante de una actividad de relajación ayuda a reducir la ansiedad, el insomnio, el dolor de cabeza, la hipertensión y a experimentar una sensación de mayor bienestar.

Cuando hablamos de relajación no nos referimos a permanecer largo rato sentados en un cómodo sillón, delante del televisor, acompañados de un vaso cerveza o de vino.

Al contrario, nos referimos a técnicas específicas, a través de las cuales es posible devolver al cuerpo y a la mente una serenidad que hemos perdido durante el día.

¿Relajación?

¡Relajación!

Existen diversas modalidades de relajación. A continuación expondremos algunas técnicas: la respiración profunda, la relajación muscular y la visualización de imágenes.

La respiración profunda

La respiración profunda es la más simple de las técnicas de relajación que se pueda practicar.

Efectivamente, el ejercicio consiste esencialmente en prestar atención a la propia actividad respiratoria con el fin de hacerla más profunda y lenta. Cuando nos encontramos en una situación de estrés, nuestra respiración se hace más débil y rápida. Involuntariamente, el ritmo espontáneo se modifica hasta provocar, en algunos casos, la sensación de ahogo.

Los ejercicios de respiración profunda le ayudarán a contrarrestar estos efectos y a restablecer una respiración equilibrada, rítmica y regular; recuerde que los efectos beneficiosos se producen sólo si se practica con una cierta regularidad.

Afortunadamente, el ejercicio no requiere mucho tiempo, por eso no le costará dedicar a esta práctica algunos momentos de su jornada.

La visualización de imágenes

Otra técnica de relajación, fácil de realizar, consiste en visualizar una única imagen. Para poderla practicar es fundamental escoger una imagen significativa que nos sugiera paz, tranquilidad y bienestar: por ejemplo,

EJERCICIO DE RELAJACIÓN RESPIRATORIA

- ✓ Encuentre un lugar tranquilo, sin elementos que le puedan molestar.
- ✓ Póngase una ropa que le deje libertad de movimientos.
- ✓ Siéntese en un sillón cómodo con el respaldo derecho.
- ✓ Inspire, profunda y lentamente, con la nariz. Introduzca el aire en el abdomen hasta que sienta el estómago hincharse.
- ✓ Deje escapar el aire por la boca; simultáneamente repita mentalmente la orden «relájate».

Continúe este ejercicio al menos 5 minutos.

Cada vez que inspire y espire, lentamente, sentirá la tensión que abandona su cuerpo.

puede escoger el mar, la montaña o un prado. En la visualización de imágenes es importante intentar revivir una determinada situación como si fuese real y apreciar todas las sensaciones y los estados de ánimo que se generan. Esto podría resultar difícil para las personas que no están acostumbradas a dar rienda suelta a la propia fantasía. En tales casos, es importante no abatirse, probablemente habrá que emplear más tiempo, pero buenos resultados no faltarán.

EJERCICIO DE VISUALIZACIÓN

- Encuentre un lugar tranquilo, en el cual no se corra el riesgo de ser molestado.
- Cierre los ojos y concéntrese en su respiración.
- Inspire y espire natural y profundamente. Cada vez que inspire sienta la energía que entra en sus pulmones. Imagine que todas las preocupaciones y las sensaciones desagradables escapan de su mente a cada espiración.
- Ahora visualice la imagen que ha escogido. Intente apreciarla en todos sus detalles y perciba todas las sensaciones y las emociones que se generan. Por ejemplo, si ha escogido la visualización del mar: está en la orilla del mar, mira a su alrededor y nota que la playa se pierde en el horizonte. El cielo es de un azul intenso y el mar está tan calmo que apenas se percibe el murmullo de las olas. El aire que respira tiene un sabor salado y le hace recordar aquella vez que... A su derecha hay un grupo de pescadores que hablan entre ellos, pero esto no le molesta. Se sienta, apoya las manos sobre la arena y las ahonda en ella...
- Intente retener las sensaciones el mayor tiempo posible antes de salir del estado de relajación.

La técnica de la visualización de imágenes tiene una sólida base científica. Se ha demostrado efectivamente que cualquier imagen producida por la mente tiene un efecto preciso sobre el cuerpo. Si, por ejemplo, imaginamos estar en alta montaña durante una tempestad de nieve, la sensación de frío que recibiremos determinará una restricción de los vasos sanguíneos, tal como nos sucedería si nos encontráramos realmente en la montaña. Del mismo modo, si imaginamos estar en un lugar agradable y sereno, sin elementos que nos puedan molestar, las modificaciones fisiológicas que se producirán serán capaces de contrarrestar las tensiones que hayamos acumulado durante el día.

La relajación muscular

Otra modalidad de relajación consiste en tensar y relajar los músculos del cuerpo.

También en este caso, si está decidido a experimentar esta técnica, le aconsejamos encontrar un lugar tranquilo, alejado de ruidos y factores de distracción y vestir ropas que le permitan una cierta libertad de movimiento.

EJERCICIO DE RELAJACIÓN MUSCULAR

Posición inicial

- Estírese cómodamente sobre un colchón o sobre la cama, con la cabeza hacia arriba;
- ponga un cojín debajo de la cabeza (la cabeza tiene que estar ligeramente levantada);
- abra las piernas y relájese;
- concéntrese en el cuerpo, en sus músculos.

Manos y brazos

- Cierre la mano derecha con toda la fuerza posible, mantenga el nivel de tensión durante cinco o seis segundos y después ábrala de golpe;
- haga lo mismo con la mano izquierda y después con las dos manos simultáneamente;
- extienda completamente los brazos y las manos, haga una respiración profunda y relájese.

Hombros

- Levante los hombros hasta la altura de las orejas; después, déjelos caer de golpe. Repita el mismo ejercicio primero con el hombro derecho y después con el hombro izquierdo;
- levante los hombros, y llévelos hacia delante y después hacia atrás; déjelos caer de golpe.

(Continuación)

Piernas

- Contraiga los músculos de las nalgas y de los muslos, apriete los talones hacia abajo; después lleve las puntas de los pies primero hacia arriba y después hacia abajo.

Abdomen y estómago

- Contraiga el abdomen con fuerza durante cinco o seis segundos, a continuación relájelo;
- empuje con fuerza el estómago hacia dentro y relájelo.

Cuello

- Apriete el mentón contra el pecho, mantenga la tensión durante cinco o seis segundos, después de lo cual ponga la cabeza en posición inicial;
- incline la cabeza hasta tocar el hombro derecho, mantenga esta posición durante cinco o seis segundos; seguidamente llévela a la posición inicial. Repita el mismo ejercicio con el hombro izquierdo.

Cara

- Arrugue intensamente la frente, mantenga la tensión durante cinco o seis segundos, relájela;
- apriete bien los ojos; manténgalos bien cerrados durante cinco o seis segundos y relájelos después;
- abra la boca el máximo posible, téngala abierta durante cinco o seis segundos, ciérrela de golpe;
- apriete la lengua contra el paladar, téngala en esa posición durante cinco segundos y después relájela;
- apriete los dientes durante cinco segundos y relájelos.

Dejar de fumar

A estas alturas le resultará claro que para eliminar el estrés es necesario mejorar la calidad de vida, evitando exponer el organismo a la acción de agentes nocivos. Si ya forma parte del «partido» de los no fumadores, felicidades; si, en cambio, le gusta el sabor de la nicotina pero quiere su bienestar (y el de los demás), debería tener la voluntad de dejarlo. Alrededor del vicio del tabaco se ha dicho y escrito mucho. Todos, efectivamente, saben que se trata de una costumbre nociva, costosa, que aumenta la probabilidad de contraer el cáncer de pulmón y otras enfermedades. Es bien sabido que dejando de fumar:

- *Se aumenta la eficacia física.* Todos los ex fumadores están de acuerdo en sostener que después de haber dejado de fumar han experimentado una notable mejoría en su salud general: han empezado a saborear con más placer la comida; la circulación sanguínea y la respiración han mejorado, como también las relaciones sexuales; en definitiva, todo el organismo ha salido ganando;

- *Se ahorra dinero.* Es un beneficio obvio y mínimo, pero inmediato y seguro;

- *Se permite a los demás disfrutar de la propia libertad.* Cada fumador, aunque no lo sepa, impone su voluntad a los que lo circundan. Cuando se fuma su cigarrillo, de hecho, los que están cerca no pueden evitar respirar una parte del humo que circula en la habitación. También el tabaco pasivo perjudica la salud; quien deja de fumar se hace bien a sí mismo y a los demás.

Estas consideraciones, aunque sean comprensibles y aceptadas por los fumadores, con frecuencia no son un arma eficaz para modificar costumbres bien enraizadas. Los aficionados a la nicotina, efectivamente, están preparados para defender sus propias razones con explicaciones de todo tipo. Veamos algunas de ellas.

Las razones de los fumadores	*Objeciones*
¿Por qué debería dejar de fumar? Con todo el humo que respiramos, los cigarrillos no pueden hacerme mucho más daño	Las sustancias contenidas en el tabaco son mucho más nocivas que el humo que podamos respirar en el ambiente y su efecto se suma al de la polución atmosférica
Es el único vicio que tengo	Aunque admitamos que sea sólo una mala costumbre (la de fumar), podríamos decir que entre todas las disponibles ha escogido la peor
Me gusta el sabor de los cigarrillos	Quizá las personas que sostienen esta idea han olvidado la sensación que produce fumar por primera vez
Los cigarrillos me relajan	Hay métodos mucho más eficaces para relajarse. En este capítulo hemos visto algunos. Si realmente está interesado en la relajación, póngalo en práctica
Los cigarrillos me hacen compañía	A esta explicación podemos oponernos fácilmente: ¡qué bonitas compañías frecuenta!
Si dejo de fumar, engordaré	Puede suceder, pero no es seguro. Si se evita sustituir el tabaco por la comida, si se sigue una dieta adecuada y si se hace actividad física, será fácil detener el aumento de peso
Es mi manera de ser y un hábito muy arraigado en mí	Nadie ha nacido con el cigarrillo en la mano, es un vicio adquirido y como tal se puede modificar

Si ha leído con atención las motivaciones de los fumadores y nuestras objeciones, ya no tiene ninguna excusa. ¿Por qué no deja de fumar, entonces? En realidad, las personas que abandonan la nicotina hacen una elección valiente. Con su comportamiento se evidencian tres capacidades personales:

- ser responsable de la propia salud;
- ser capaz de renunciar a algo;
- escoger el no depender de algo que hace daño.

Un plan de acción

Más de una vez se ha afirmado que para contrarrestar los efectos del estrés sobre el organismo es importante emplearse a fondo. Las buenas intenciones, sin nada más, no bastan. Correr un poco de vez en cuando, limitar el consumo de bebidas alcohólicas durante algunos días o realizar algún ejercicio de relajación no es suficiente para contrarrestar los efectos negativos del estrés. Para conseguir este objetivo es necesario decidir conscientemente realizar determinados planes de acción y seguirlos hasta el final. Con este fin ha sido creada la siguiente ficha: rellénela y compruebe su capacidad para cumplir los deberes contraídos.

Fecha
Actividad física He decidido hacer las siguientes actividades físicas .... Pienso empeñarme con la siguiente frecuencia (ejemplo: una vez a la semana) ....
Costumbres alimentarias Mi estilo de alimentación es inadecuado porque como poca fruta y verdura .... Para mejorar mi estilo de alimentación haré lo siguiente ....
Relajación He decidido practicar la siguiente forma de relajación: ☐ Respiración profunda ☐ Visualización de imágenes ☐ Relajamiento muscular Otros .... Creo que voy a comprometerme con la siguiente frecuencia ....
Examinaré mi programa el ....

20
20

Administrar la propia vida

La fatiga a la cual estamos sometidos cada día tiene que ver sobre todo con el esfuerzo mental necesario para afrontar las diversas exigencias cotidianas. Vivimos con el estandarte de la prisa, los deberes, las responsabilidades y las obligaciones. Siempre tenemos algo que hacer, algo que respetar y alguien a quien tener en cuenta. Cada día nos levantamos por la mañana temprano, acompañamos a nuestros hijos a la guardería o la escuela y nos dirigimos hacia el lugar de trabajo para quedarnos allí hasta bien entrada la tarde.

A menudo, nuestra vida es una lucha contra el tiempo

Acabada la jornada laboral, empieza la segunda lucha contra el tiempo: corriendo a recoger a los hijos, después al supermercado para hacer las compras y quizá, después, conseguiremos llegar a casa.

Y eso no es todo...

Para conseguir hacer frente a los ritmos frenéticos que la vida nos impone, con frecuencia nos circundamos de numerosas comodidades: compramos electrodomésticos de todo tipo que nos ayudan en las tareas de la casa, acumulamos deudas para podernos permitir una casa más grande y una cocina más funcional, hacemos milagros para tener un coche más cómodo. Y todo ello con la esperanza de simplificar nuestra vida; con frecuencia se trata de una mera ilusión y nuestra frenética actividad produce como único resultado hacernos esclavos de los bienes que poseemos.

No somos conscientes de que el peligro más grande al cual estamos expuestos es dejar que nuestras elecciones sean gobernadas por algo externo a nosotros. En otros términos, arriesgamos la pérdida de nuestra capacidad de ser protagonistas de la propia vida y que todo lo que hagamos esté dirigido por alguien.

Cuando tenga la impresión de que la vida que desarrolla está dictada por exigencias que no siente como propias, preste atención porque está en la dirección justa para desarrollar una reacción negativa de estrés.

No perder el control

Estrés y control de la propia vida y de las situaciones están en estrecha relación. Numerosas investigaciones han demostrado que la pérdida de confianza en la propia capacidad para afrontar las situaciones no sólo incide negativamente sobre la salud, sino que acorta la vida.

Cuando las personas creen no poder influenciar los eventos, desarrollan un sentido de desazón y apatía.

En el curso de una investigación realizada en un asilo, se demostró que los ancianos que creían poder ejercitar un control sobre su ambiente eran mucho más activos, vivaces y gozaban de una elevada sensación de bienestar. Además, estas mismas personas vivían más que aquellas que creían no tener ningún poder. Es necesario subrayar que estos efectos eran independientes del control real ejercitado sobre el ambiente circundante.

Y usted, ¿qué control piensa que puede ejercitar sobre su vida? Intente descubrirlo con la ayuda del test siguiente: lea atentamente las afirmaciones propuestas y, para cada una de ellas, indique su grado de concordancia. Calcule la puntuación.

No sirve de nada empeñarse en misiones imposibles para demostrar el propio valor

¿QUÉ CONTROL TENGO SOBRE MI VIDA?

	Absolutamente de acuerdo	De acuerdo	Disconforme	Absolutamente disconforme
Todos en la vida tienen posibilidades	4	3	2	1
Cuando no consigo resolver un problema significa que es demasiado difícil	4	3	2	1
Cuando me encuentro implicado en una situación embarazosa consigo salirme de manera brillante	4	3	2	1
Para resolver los problemas puede ser útil pedir ayuda	4	3	2	1
Cuando una discusión acaba con opiniones diferentes, normalmente es porque yo no quiero ceder	4	3	2	1
Tengo la sensación de que las cosas que suceden están bajo mi control	4	3	2	1
Hay que arriesgar para conseguir	4	3	2	1
Es cierto el proverbio: «querer es poder»	4	3	2	1
Normalmente consigo decir lo que pienso	4	3	2	1
Me siento apreciado por los demás	4	3	2	1
Si no entiendo el contenido de un libro significa que el libro está mal escrito	4	3	2	1
Quien siembra recoge	4	3	2	1
Me doy cuenta de que si yo no estuviera las cosas podrían ir peor	4	3	2	1
Puedo mejorar algunos aspectos de mi vida	4	3	2	1
Cuando una discusión acaba bien normalmente es gracias a mí	4	3	2	1
Somos dueños de nuestro destino	4	3	2	1
Si alguien consigue entender una explicación mía significa que sé explicar bien	4	3	2	1
Consigo modificar el curso de los acontecimientos	4	3	2	1
Las promociones que he recibido eran por mérito personal	4	3	2	1
Para conseguir objetivos importantes es necesario apoyarse en las propias fuerzas	4	3	2	1
Cuando me encuentro en grupo no tengo ninguna dificultad para empezar la conversación o tomar parte en la diversión	4	3	2	1
«Quien la sigue la consigue»	4	3	2	1
Total				

Puntuación superior a 79
No es una persona que se deja deprimir fácilmente. La confianza en sus fuerzas es la base de su carácter. Aunque algunas situaciones negativas puedan descorazonarle, esto no le impide trabajar activamente para mejorar la situación y perseguir los objetivos prefijados. Para usted, desde luego, existen pocas situaciones sobre las cuales no pueda intervenir. Si cree que un determinado cambio puede ser importante, no dude de ponerlo en práctica. La confianza en sus capacidades personales le ayudará. La idea que le anima es la del *self made man*, el hombre que se hace a sí mismo, que se crea las ocasiones y es artífice de su propio destino. Esto le permitirá tolerar niveles elevados de estrés sin que ello influya sobre sus prestaciones laborales. De todas maneras preste atención: en general, los individuos que tienen una alta opinión de sí mismos, tienden a exagerar sus capacidades de afrontar los acontecimientos.

Puntuación comprendida entre 60 y 79
Aunque tiene la tendencia a creer en su poder personal, esto no le impide frenar delante de situaciones que considera no poder resolver. Esta actitud podría hacerle experimentar la sensación de retirada o de haber sufrido una derrota; en general consigue sobrevivir a tales sentimientos sin grandes consecuencias en el plano emotivo. Confianza en la capacidad de control, el reconocimiento de los propios límites y de la esfera de influencia son factores a su favor: si cuida este aspecto podría convertirse en su punto fuerte.

Puntuación comprendida entre 40 y 59
No se puede decir que tenga mucha confianza en sus capacidades. Esto no le otorga automáticamente una personalidad frágil; el problema es quizás una tendencia a sentirse poco dueño del ambiente. Esto le hace susceptible al estrés. Tiene que intentar imponer en mayor medida su presencia y descubrir que no pasa nada grave. Podría ser apreciado por su actitud. Si no funciona, la próxima vez sabrá evitar el error.

Puntuación comprendida entre 22 y 39
Tiene tendencia a creer en el destino, en la fortuna y en las circunstancias externas. Cuando consigue obtener un éxito tiende a minimizar su importancia. Esta circunstancia, después de producir un breve periodo de alegría, será finalmente considerada no como una justa recompensa por los esfuerzos realizados, sino como un regalo de la fortuna. En las relaciones con los demás, le resulta difícil ser convincente y afrontar con decisión los conflictos. El escaso control que cree poseer sobre su ambiente podría provocar en usted sentimientos negativos e inducirle a desarrollar modalidades de relación fundadas en la obligación, la rabia, la agresividad, etc. La escasa confianza en sus posibilidades y el sentido de impotencia que nutre podría hacerle particularmente vulnerable a los eventos estresantes. Aprenda a mostrar sus capacidades y a no infravalorarse.

UNA VENTANA SOBRE EL PODER

Tener poder no significa necesariamente ser el número uno, disponer de mucho dinero y someter a los demás a nuestros deseos. Intentemos comprender este punto de vista. Consideremos, por ejemplo, el caso de una persona que, convencida por la publicidad, compra un detergente de una determinada marca. ¿Deberíamos decir que ha sido convencida por la publicidad? No podemos negar que los anuncios ejercitan una enorme influencia sobre el consumidor; también es verdad que son las personas quienes compran el producto. En otras palabras, si una campaña publicitaria acierta, es decir, ejercita un poder, es sólo porque las personas aceptan dejarse influenciar, concediendo a alguien un cierto poder sobre sí mismo.

Consideremos otro ejemplo. Probablemente habrá oído alguna vez las quejas de un amigo que ha sido tratado como una alfombra por parte de los superiores. Sería interesante ver cómo esta persona se comporta cuando se encuentra en tales situaciones. No es improbable que se deje maltratar. En este caso, es exactamente su comportamiento servil el que desencadena el despotismo de los demás.

Si cree no tener poder o si quiere entender qué significa para usted tenerlo, formúlese algunas preguntas:

- ¿Qué tipo de poder necesito? ¿Quiero dominar a los demás? ¿Quiero hacer lo que más me gusta?
- ¿Quién ejercita el mayor poder sobre mi vida?
- ¿Estoy seguro de no tener ningún poder?

Para poseer el control de nuestra vida el primer paso consiste en no permitir que nadie tome sobre nosotros un poder que no estemos dispuestos a conceder. No menosprecie su poder personal.

Adoptar un estilo de vida más humano

Para vivir mejor y más serenamente no es necesario disfrutar de condiciones de vida especiales. Es suficiente un poco de voluntad. Quizás al principio le parecerá difícil, pero con dedicación podrá descubrir los beneficios que derivan de una manera diferente de vivir. Intente poner en práctica los siguientes consejos.

• *Cuide su físico.* Este argumento ha sido ampliamente discutido en el capítulo precedente. Aquí nos limitaremos a recordar la importancia de la actividad física, de una correcta alimentación, y de la relajación.

• *No malgaste su tiempo.* Aprenda a organizarlo y a no olvidar nunca que el día tiene 24 horas (lo cual, aunque a veces pueda ser un inconveniente, es algo sobre lo que no podemos hacer nada). Una mala administración del tiempo es fuente de estrés; quien no consigue organizarse se encuentra obligado a hacerlo todo con prisas, no consigue respetar los plazos, no encuentra nunca el tiempo para sí mismo y vive continuamente con la ansiedad de llegar tarde.

PARA ADMINISTRAR SU TIEMPO

- Haga una lista de sus compromisos.
- Distinga los compromisos más delicados de aquellos que no lo son tanto.
- Establezca un orden de prioridad basado en la urgencia y en la importancia.
- Si descubre que muchos de sus compromisos tienen el mismo grado de importancia, encuentre la manera de reducirlos: pida ayuda a alguien o, si es posible, postergue alguno o renuncie a algo.

• *Reserve tiempo para usted.* Cuando se organice, recuerde que la vida no está hecha sólo para trabajar o para atender las obligaciones familiares. Hay que mantener y defender los intereses personales porque nos ayudan a mejorar nuestro equilibrio psicofísico y recargar las energías necesarias para ser productivos y eficientes. Probablemente usted podría objetar: «¿Pero qué puedo hacer para encontrar tiempo con todas las cosas que tengo que hacer?». A veces resulta muy difícil reservarse espacios propios, pero esta no es una razón válida para renunciar a ellos. Si cree que realmente le puede beneficiar, seguramente conseguirá crear un pequeño oasis personal. Quizá no se podrá permitir un fin de semana en la montaña, solo o en compañía de su pareja, pero será suficiente ir al cine con los amigos o relajarse en soledad durante algún tiempo.

• *Evite las situaciones desagradables.* A veces las personas se comportan de manera incomprensible y, aunque saben que se encuentran mal en determinadas situaciones, nada hacen para evitarlas. Por ejemplo, si no se siente cómodo con alguien, evite ir de vacaciones con esa persona. Ya tenemos muchas obligaciones que sostener, hagamos lo posible para no añadir otras.

De vez en cuando encuentre tiempo para dedicarse a usted mismo

• *Viva según sus posibilidades.* No se prodigue en excesos, es mejor poseer un coche menos cómodo, vivir en una casa más pequeña y vestir ropas baratas que hacer malabarismos para llegar a fin de mes.

• *Busque la compañía de los demás.* Un viejo proverbio dice: «Muchos enemigos mucho honor», pero con frecuencia se descubre que quien tiene tantos enemigos en realidad está solo. Esto no significa que hay que estar de acuerdo siempre y permitir a los demás que pisen nuestros derechos; pero es importante reconocer el valor de la vida social. Quien tiene un nutrido grupo de amigos, en realidad tiene una fortuna inmensa. Estar junto a los demás, tener la posibilidad de confiar en alguien y de compartir las propias preocupaciones permite mitigar los efectos del estrés.

Modificar las actitudes

Para reducir el estrés es necesario también modificar ciertas actitudes con las cuales afrontamos la vida. No es ciertamente una tarea fácil. No se trata de actuar, sino de madurar una manera diferente de afrontar las situaciones de cada día.

• *Viva en el presente.* Cuando se levante por la mañana, no empiece a preocuparse por aquello que ocurrió en el pasado o por aquello que podría suceder. Haga una cosa a la vez: cuando hay que trabajar se trabaja, cuando hay que relajarse se relaja.

• *No se complique la vida.* La mente humana a veces juega bromas pesadas, consigue efectivamente transformar una hormiga en un elefante. Todo depende del punto de vista con el cual observamos la realidad. Cuando tenga la sensación de que la situación se hace fatigosa y difícil de controlar, intente simplificarla y reducirla a sus términos esenciales.

LA PALABRA CLAVE: ¡SIMPLIFICAR!

Para «desenredar» una situación complicada, hágase algunas preguntas:

- ¿Qué me está pasando?
  Sea lo más descriptivo posible. Por ejemplo: mi jefe no me concede un aumento de sueldo.
- ¿Cómo me encuentro en esta situación?
  Por ejemplo: tengo la impresión de que mi trabajo no está adecuadamente reconocido.
- ¿Qué consejo daría a un amigo que se encontrara en una situación parecida?
- ¿Qué me siento capaz de hacer?
  Por ejemplo: pedir a mi jefe una cita para hablar con él.
- ¿Qué me impide realizar mis deseos?
  Por ejemplo: perdería mi trabajo.
- ¿Qué puedo hacer en realidad?
  Por ejemplo: pedir a mi jefe una cita para saber si en el futuro tengo alguna posibilidad de obtener el aumento que he pedido.

• *Gratifique al niño que reside en usted.* Muchos consideran que el verdadero «adulto» no debería nunca mostrar actitudes infantiles. Esta opinión es completamente falsa. Las personas efectivamente maduras no se preocupan de parecer infantiles; además, a diferencia de otras, son capaces de entender cuándo es oportuno ser serios y responsables.

• *Conceda a los demás la libertad de elección.* Aunque sea capaz de saber anticipadamente que ciertas decisiones conducirán al fracaso, deje a los demás la libertad de decidir la dirección de su propia vida, siempre que sus decisiones no le impliquen directamente. En el fondo no es el amo del universo.

• *Hable menos y actúe más*. Esta afirmación no necesita explicaciones. Tiene que ser más decidido. Acepte el riesgo de ir hacia delante.

• *No se haga el héroe*. De santos y de héroes están llenos los calendarios y los libros de historia. Aprenda a decir que no a lo que no le interesa o no puede administrar. Aunque le parezca increíble, los otros acabarán apreciándole más.

• *Reconozca sus límites*. El ser humano es imperfecto por naturaleza. Nadie podría vivir solo, probablemente moriría después de poco tiempo. Todas las metas que el género humano ha conseguido derivan de la colaboración. Si hemos llegado a la Luna, si dentro de poco tiempo llegaremos a hacer viajes interplanetarios, lo debemos a un eficaz trabajo de equipo.

• *Desarrolle el sentido del humor.* Alguien ha afirmado que la vida es demasiado importante para tomársela en serio, y en esto se esconde indudablemente un fondo de verdad. Párese a pensar cuántas veces ha luchado contra molinos de viento, cuántas veces ha transformado una pequeña molestia en una cuestión de principios. ¿Cuántas veces su seriedad, la precisión y la voluntad de «ir hasta el fondo» le han complicado la vida? Si se consigue encontrar el lado cómico, el aspecto divertido de una situación difícil, el problema está ya casi resuelto. Esto no significa ser irresponsables o superficiales, significa dar a las cosas su justo valor.

Aprenda a descubrir el lado cómico de las situaciones

• *No convierta los deseos en obligaciones*. Aspirar a algo no es lo mismo que quererlo a toda costa. Probablemente cada uno de nosotros desea una casa más grande, quizás una torre con un buen jardín para las barbacoas del verano. De todas maneras, si nuestro «quisiera» se convierte en un perentorio «tengo que», y si el deseo no se traduce en realidad, nos enfrentaremos continuamente con la incapacidad de realizar nuestro intento y experimentaremos una fuerte reacción de frustración y estrés. Es importante tener consciencia de los propios deseos, pero esperar que la realidad se adapte a ellos sólo dará lugar a desazón.

Reducir el estrés en el trabajo

Para evitar que su lugar de trabajo se transforme en una fuente de estrés negativo, además de lo que hemos dicho hasta ahora, le invitamos a reflexionar sobre algunos puntos:

- Intente entender cuáles son los deberes y las obligaciones que le solicitan sus superiores. Si comete algún error no se torture: todos podemos equivocarnos, somos seres humanos.
- No se apropie de los méritos ajenos.
- No permita que otros se atribuyan méritos que le pertenecen a usted.
- Aprenda a decir no. Si alguien le asigna deberes que no puede efectuar porque está demasiado ocupado, no se quede callado. Explique, con calma y seguridad, la situación. Si no se puede sustraer a un deber ulterior, siempre puede preguntarle a su responsable cuáles son las prioridades.
- Si los compañeros asumen actitudes con las que no está de acuerdo, no acumule rencores y malhumor; intente aclarar la situación.
- Compruebe los «comentarios de pasillo». Con frecuencia, en el interior de una empresa circulan comentarios de todo tipo: quiebra, movimiento de personal y otras cosas. Si algo le interesa de manera particular, pida una cita con el responsable directo para intentar aclarar la cuestión.
- Limite su disponibilidad. Recuerde que nadie respeta a los «esclavos».
- Recuerde que una buena relación con los compañeros le puede ayudar a tolerar la actitud dictatorial de los superiores.

Las buenas relaciones con los compañeros pueden ser de ayuda para tolerar las actitudes despóticas de los superiores

Resolver los conflictos colaborando

En general, el concepto de *conflicto* nos sugiere únicamente sentimientos y sensaciones desagradables, como rabia, agresividad y dificultades de relación. En realidad, a pesar de que pueda parecer extraño, las situaciones conflictivas no son siempre un factor negativo. Las divergencias de opinión y la discusión animada son, de hecho, parte integrante de nuestra vida. Como cada uno de nosotros tiene una manera personal y subjetiva de pensar, a veces resulta perfectamente natural la contraposición de ideas. De todas maneras, los contrastes se revelan con frecuencia como una buena ocasión para consolidar las relaciones, encontrar soluciones creativas y aumentar la confianza recíproca. Para llegar a este resultado es necesario ser capaces de afrontar las divergencias de opinión y los desacuerdos de manera constructiva y eficaz. Antes de entrar de lleno en el proceso de resolución de los problemas, compruebe que algunas condiciones estén satisfechas. Esto le evitará pérdidas de tiempo.

Las condiciones básicas

Los conflictos pueden ser resueltos si:

- todas las personas implicadas están dispuestas a encontrar soluciones;
- se parte de la consideración de que cada uno tiene una visión propia de las situaciones, que debe ser respetada y considerada;
- las personas implicadas reconocen que el problema es de todos;
- se evitan actitudes coercitivas;
- se reconoce el hecho de que no somos los únicos responsables de las soluciones;
- se está dispuesto a aplicar una buena dosis de energía.

Las fases

El proceso de resolución de problemas se desarrolla en cinco fases. Veámoslas con atención.

FASE 1: DEFINIR EL PROBLEMA

Para encontrar una solución en colaboración, el primer paso consiste en definir el problema junto con aquellos que están implicados. Se trata de una fase muy delicada, pero que si se afronta bien facilita todo el proceso de resolución. Además, hay que prestar atención a no confundir el *problema*

con la *solución*. Durante una reunión de vecinos, un falso problema podría ser proporcionar un aparcamiento para las bicicletas, ya que en realidad se trata de una solución; el problema podría ser el excesivo número de bicicletas en el patio que obstruyen el paso.

Fase 2: analizar el problema

Hay que preguntarse por qué una determinada elección es un problema, cuáles pueden ser sus causas y sus efectos.

Durante esta fase es oportuno mantener una visión objetiva y no introducir ulteriores cuestiones que complicarían la situación. Durante una reunión de vecinos centrada en el problema de las bicicletas, por ejemplo, no resultaría de ninguna utilidad discutir acerca de los ruidos molestos producidos por los vecinos.

Fase 3: encontrar soluciones alternativas

Esta es la fase más creativa del proceso. Después de haber analizado el problema en todas sus variantes, las personas implicadas empiezan a proponer posibles soluciones.

En esta fase suele ser muy útil recurrir a la técnica del *brainstorming*. Consiste en proponer un gran número de ideas, incluso las más extrañas, con el objetivo de encontrar el mayor número posible de soluciones, aunque posteriormente sólo se escogerán las más adecuadas. El *brainstorming* se basa en dos reglas fundamentales: no juzgar las ideas que se exponen y dar rienda suelta a los pensamientos, sin preocupaciones.

Para empezar, se pueden utilizar afirmaciones del tipo: «Intentemos ver qué es posible hacer para resolver el problema. Demos rienda suelta a nuestros pensamientos, incluidos los más extraños, y evitemos juzgar las soluciones propuestas. De esto nos ocuparemos más tarde».

Si alguien no consigue evitar esa actitud evaluadora, de manera firme y cortés se le puede decir: «Ahora estamos haciendo una lista de las posibles soluciones, después tendremos la oportunidad de estudiarlas. ¿Tiene alguna idea para proponer?».

Fase 4: evaluar las alternativas

Cuando todas las propuestas han sido presentadas, no le queda más que evaluarlas atentamente. Resúmalas brevemente e implique a las personas en este proceso: «¿qué piensa de esta idea?, ¿cuáles pueden ser los pros y los contras de esta solución?, ¿qué sucederá si adoptamos esta situación?». En algunos casos puede ser útil intentar establecer criterios de base sobre los cuales evaluar y analizar cada solución.

FASE 5: DECIDIR

En esta fase se escoge una solución única. Si hasta ahora no se han encontrado grandes obstáculos, probablemente tampoco los habrá en este nivel. En cualquier caso, recuerde:

- Delante de un problema existen varias soluciones.
- Si es posible, para escoger una solución evite recurrir a instrumentos tradicionales tales como levantar la mano; en este caso la gente llamada a decidir podría tener la impresión de que existen sólo dos alternativas: «sí» o «no».
- La solución más eficaz es aquella en la cual todos tienen la impresión de haber contribuido.
- A veces, puede ser útil fundir diversas soluciones para crear una nueva, satisfaciendo así varias exigencias.
- Si el proceso de resolución funciona, el mérito es de todos.
- Si no consigue encontrar una solución, no se sienta culpable. Para resolver un problema es necesario que todas las personas implicadas estén dispuestas a colaborar.

¡Llegaron las vacaciones!

Hemos decidido tratar el tema de las vacaciones porque sabemos que interesa a muchas personas. Cada año, entre los intereses primeros del trabajador está el control del calendario para saber si el ritmo de las festividades permitirá arañar algún momento adicional de reposo. Se controla en qué día de la semana caerá Navidad, San Esteban, el 1 de mayo, etc. Algunos, tan pronto vuelven de las vacaciones de verano, no pierden el tiempo y se precipitan rápidamente a organizar las vacaciones invernales: «¿dónde iré por Navidad?», «¿con quién pasaré el fin de año?»; otros, en cambio, están en contacto directo con la agencia de viajes para saber cuándo se abrirán las reservas para el próximo viaje de verano. No hay que olvidar, además, aquellas personas que para hacer unas vacaciones fuera de lo común, alternativas o de prestigio, no dudan en endeudarse o estar un año en estado de recesión económica. Las fatigas que deberán soportar serán múltiples, pero sólo pensar en que podrán decir a los compañeros dónde pasarán las vacaciones, les permite superar las pruebas más duras. No es raro que estos exhiban al regreso de las vacaciones un moreno sensacional y presenten una documentación digna del mejor reportero del *National Geographic*.

En realidad, los problemas más importantes quedan para sus amigos y compañeros de trabajo, obligados a contemplar kilómetros de película y miles de diapositivas. Sean como sean los preparativos, todas las personas antes o después se van de vacaciones. Hay quien va a la playa o a la montaña, quien se queda en la ciudad y quien, como hemos visto, va al extranjero, a lugares exóticos o peculiares. El imperativo que reina en la cabeza de los que salen por última vez de la oficina es simple, claro y cristalino: «ahora basta, descanso, y pobre del que se le ocurra estresarme». Desgraciadamente, esta afirmación se revela sólo una buena intención, destinada a desvanecerse bajo nuestros ojos apenas se empiezan a hacer los paquetes y se entra en la autopista. En realidad, el deseo de reposo está mermado principalmente por las convicciones y los comportamientos que se adoptan durante las vacaciones. Cuando se llega al lugar de veraneo no se pierde el tiempo. Hay quien corre a la playa para ponerse moreno y demostrar al amigo que, después de todo, el sol de Benidorm produce los mismos efectos del sol del Caribe. Otros, animados por el espíritu cultural, intentarán conocer a fondo el contenido histórico-antropológico-social del lugar de veraneo.

¿Y las personas que se han quedado en la ciudad? La suya ha sido una decisión sabia: necesitan dinero porque tienen intención de comprarse una casa, cambiar el coche u otra cosa. En general, la primera semana consiguen resistir, están plenamente convencidas: «tenemos que ahorrar dinero». Después la situación empieza a comprometerse, el espíritu de sacrificio que antes los animaba empieza a vacilar y se presentan los primeros síntomas de claudicación: por la tarde van casi siempre a la piscina, por la noche al restaurante, el fin de semana al lago. No es raro que al acabar el mes descubran que no han ahorrado tanto como se pensaban.

Las vacaciones existen para permitir la interrupción de la rutina y «cargar baterías». Alejarse del ambiente cotidiano por un periodo más o menos prolongado, a cualquier sitio, puede reducir la tensión y liberar el estrés. De todas maneras, el riesgo de que la ansiedad de los preparativos nos arrastre y que los días de reposo sean más cansados que los laborales es siempre posible. Para evitar estos inconvenientes podría ser útil tener en cuenta algunas consideraciones:

- Programe las vacaciones según sus posibilidades económicas.
- No se deje enredar por el espíritu de competición. No tiene ninguna necesidad de demostrar que sus vacaciones son mejores que las de los compañeros de trabajo y amigos.
- Recuerde que todo cambio en nuestro modo habitual de vivir provoca tensión; también las vacaciones son, por lo tanto, una fuente estrés. Holmes y Rahe (véanse las páginas 16 y 17) asignaban a las vacaciones de verano 13 puntos, y 12 puntos para las vacaciones de breve duración.

- En vacaciones no cambie sus costumbres; mantenga los horarios de las comidas, el mismo ciclo de sueño y vigilia, etc.
- Antes o después se vuelve a casa. Algunos, cuando están de vacaciones, se olvidan de la hoja de los movimientos bancarios y se lanzan a gastos excesivos. Esto puede ser muy peligroso.

¿Consigue encontrar nuevas consideraciones?

Ahora debería poseer un cuadro detallado de su estrés personal, de la manera en que se origina y de las acciones concretas que puede efectuar para evitarlo. Antes de continuar con la lectura, le sugerimos un examen de su nivel de empeño para practicar las ideas propuestas hasta ahora. Para cada título de la tabla, señale la frecuencia de actuación.

SU EMPEÑO EN REDUCIR EL ESTRÉS	*Siempre*	*Con frecuencia*	*Alguna vez*	*Nunca*
Cuido mi alimentación	4	3	2	1
Practico una actividad física regular	4	3	2	1
Practico los ejercicios de relajación	4	3	2	1
Consigo organizar mi tiempo	4	3	2	1
Encuentro siempre un espacio para dedicarme a mí mismo	4	3	2	1
Consigo evitar las situaciones desagradables	4	3	2	1
Consigo distinguir las necesidades de los deseos	4	3	2	1
Cuido las relaciones con mis amigos (por ejemplo, paso más tiempo con ellos)	4	3	2	1
No obligo a nadie a hacer las cosas a mi manera	4	3	2	1
Me concedo gratificaciones personales (por ejemplo, pequeños regalos)	4	3	2	1
Consigo vivir el presente	4	3	2	1
Consigo escuchar	4	3	2	1
Reconozco mis límites y mis posibilidades	4	3	2	1
Consigo transformar los problemas en desafíos que he de afrontar	4	3	2	1
Evito hacerme el superhéroe	4	3	2	1
Total				

Puntuación comprendida entre 15 y 32
Probablemente debe empeñarse un poco más para dar a su vida un cierto equilibrio. Quizá no está del todo persuadido de la validez de las indicaciones ofrecidas, las encuentra inútiles o difíciles de aplicar. Cualquiera que sea el motivo que le empuja a mantener inalterado su estilo de vida, le aconsejamos probar, por lo menos por un mes, seguir con empeño nuestras indicaciones. Al final de este periodo, pida a los allegados más próximos si han notado en usted cambios positivos; después podrá decidir si es el caso de volver al antiguo estilo de vida.

Puntuación comprendida entre 33 y 45
Probablemente está en la condición adecuada para contrarrestar el estrés. Hay que mejorar algunas cosas. Anote los títulos en los que ha obtenido la puntuación más baja y trabaje para mejorarlos. ¡Ánimo!, una vuelta más y el tornillo quedará fijo.

Puntuación comprendida entre 46 y 60
Probablemente consiga afrontar las dificultades de la vida con el justo equilibrio. Cuide sus potencialidades.

Antes de ir de vacaciones, compruebe que el estrés no figura en su equipaje

Las emociones

El estrés se puede manifestar también a través de emociones negativas intensas.

Cuando estamos bajo presión, las sensaciones de ansiedad, preocupación, confusión y rabia dominan nuestra vida interior, impidiéndonos afrontar con coraje circunstancias difíciles. Cada vez que la emotividad domina la escena, el riesgo de cometer errores aumenta considerablemente: la rabia induce a comportamientos de los cuales podríamos arrepentirnos, la ansiedad nos impide afrontar con coraje una situación, la depresión nos aleja de los demás. Veamos, pues, cómo controlar nuestra esfera emotiva.

Inteligencia, emociones y éxito

Haga un sondeo entre amigos, familiares y conocidos, preguntándoles con qué criterios juzgan la inteligencia de una persona. Observará que la mayor parte de la gente considera inteligentes aquellos que:

- tienen un título que acredita haber cursado estudios superiores;
- saben utilizar palabras complicadas;
- leen mucho;
- están informados.

En realidad, esta idea de lo que es la inteligencia es poco correcta. Se ha demostrado, efectivamente, que el éxito en la vida no depende sólo de la puntuación escolar o de los conocimientos acumulados. ¿Cuántos de entre los primeros de la clase de su época escolar tienen un tipo de vida y un nivel de satisfacción proporcionales a sus buenas notas?

La inteligencia no se mide en base a la cantidad de libros leídos

Lo que parece facilitar la realización personal no son los conocimientos poseídos, sino la capacidad de aceptar a los demás, de gobernar la propia vida emotiva (sin dejarse llevar por la cólera o por el malestar), de estar en sintonía con las personas y con sus necesidades.

Preste atención a no confundir la inteligencia con la capacidad de resolver un problema aritmético o de recordar con absoluta precisión la fecha de un acontecimiento histórico.

Múltiples y diversificadas son, desde luego, las facultades útiles para tener éxito en la vida: un comerciante, por ejemplo, no necesita conocer las últimas novedades literarias para tener éxito en su trabajo (a menos que no venda libros, obviamente); para él, en cambio, tiene gran importancia la capacidad de inspirar confianza y comunicarse con los demás. La cultura es sin duda importante, pero por sí misma no representa una garantía de éxito.

Una calidad de vida satisfactoria se obtiene sólo desarrollando una cierta sensibilidad emocional, capacidad de aprender a controlar los propios sentimientos, y de reconocer y respetar los de los demás.

¿Eliminar las emociones?

A primera vista, eliminar las emociones podría parecer la mejor solución, pero esta consideración no resiste un examen atento. Sería bonito vivir sin experimentar angustia, desilusión y tristeza, pero con toda esta serie de emociones negativas desaparecerían también el amor, la alegría, la excitación, el estupor, etc.

En definitiva, nos transformaríamos todos en criaturas absolutamente racionales, privadas del calor y la comprensión humanos.

Las emociones, sean estas negativas o positivas, forman parte de nuestra vida, a la cual dan sabor y riqueza; proporcionan la fuerza necesaria para emprender grandes y pequeños proyectos, potenciando nues-

Todas las emociones forman parte de la vida

tras capacidades de resolución de problemas y raciocinio. En otras palabras, determinan nuestro éxito en la vida. De hecho, las personas emotivamente maduras consiguen sacar lo mejor de las situaciones, no se deprimen y, al enfrentarse a los fracasos, consiguen recuperarse rápidamente.

¿Qué quiere decir ser emotivamente maduros? En términos generales, significa saber confrontarse de manera constructiva con las propias emociones. Quien ha conseguido tal objetivo, consigue mantener un equilibrio a pesar de los altibajos de la vida; es consciente de los sentimientos que experimenta y es capaz de administrarlos de manera eficaz. Además, el dominio de la propia vida interior le permite entender los sentimientos de los demás y ofrecerles una ayuda válida.

Los estilos emotivos

Con este término queremos indicar la manera característica con la cual una persona administra y percibe sus propias emociones. Cada uno de nosotros tiene una sensibilidad diferente; veamos un par de ejemplos entre los muchos posibles.

Hay quien es esclavo de la emotividad y no consigue ponerle freno. Actúan invadidos por la rabia, la desesperación, la tristeza, sin conseguir entender lo que les está pasando. Sólo más tarde, una vez «acabada la tormenta», serán capaces de racionalizar.

Otros, por el contrario, demuestran una especie de consciencia selectiva: consiguen, por ejemplo, reconocer las sensaciones de alegría y felicidad, pero tienen dificultad para admitir las emociones negativas como la cólera, tristeza, miedo, envidia, etc. Probablemente quien se comporta de esta manera ha sido educado, desde la infancia, a suprimir algunos esta-

«¡No es verdad que voy deprisa, voy perfectamente a mi aire!»

Las emociones nunca mienten

dos emocionales, desarrollando la convicción de que el miedo es un índice de debilidad y la rabia de malicia. Actuando de esta manera no se da cuenta de que excluye una parte importante de la vida. En general, las personas que adoptan un estilo emotivo «distante» creen que ignorar una emoción equivale a no sentirla. Su actitud refleja el proverbio: «ojos que no ven corazón que no siente», pero se trata de torpes intenciones destinadas al fracaso. Podemos incluso disimular la ansiedad, pero nuestro cuerpo nos traicionará: la respiración se hará irregular, las manos y las piernas empezarán a temblar y la piel a sudar, revelando así la realidad de la pulsión interior.

La consciencia

Para conocer el propio estilo emotivo es útil desarrollar la capacidad de mirarse hacia dentro.

En otras palabras, es importante aprender a ser conscientes de los propios sentimientos en el momento en el que se presentan; debemos, por tanto, aprender a reconocerlos: «Mira, en este momento estoy triste». Para desarrollar esta consciencia se puede recurrir a un pequeño «diario emocional» donde se realizarán anotaciones por un periodo de dos semanas como mínimo:

- las emociones que experimenta día a día;
- las circunstancias en las cuales las ha experimentado;
- su intensidad.

DIARIO EMOCIONAL

Día	*Circunstancia*	*Emoción experimentada*	*Intensidad (de 1 a 10)*
Lunes			
Martes			
Miércoles			
Jueves			
Viernes			
Sábado			
Domingo			
Lunes			
Martes			
Miércoles			
Jueves			
Viernes			
Sábado			
Domingo			

Ejemplo

Lunes	En la oficina. Mi jefe ha dado un trabajo de responsabilidad a un compañero.	Envidia	9

EL VOCABULARIO DE LOS ESTADOS DE ÁNIMO

Para describir su estado interior puede usar una serie nutrida de términos. He aquí algunos:

Adjetivos para describir estados emocionales agradables

Aceptado	Estimado
Alegre	Eufórico
Animado	Feliz
Apasionado	Flexible
Apreciado	Interesado
Cómodo	Jubiloso
Complacido	Optimista
Confiado	Radiante
Contento	Satisfecho
Curioso	Sereno
Enamorado	Tolerante
Entusiasta	Transigente

Adjetivos para describir estados emocionales desagradables

Aburrido	Enfadado
Angustiado	Envidioso
Ansioso	Hostil
Antipático	Indiferente
Asustadizo	Intolerante
Aterrorizado	Intransigente
Celoso	Melancólico
Confundido	Orgulloso
Deprimido	Pensativo
Desilusionado	Receloso
Despreocupado	Susceptible
Disgustado	Vengativo

«Aquí está mi diario emocional»

El diario emocional tiene como fin mejorar la sensibilidad emotiva.

Al acabar las dos semanas, intente descubrir qué emociones siente con mayor frecuencia, dónde se desarrollan y cuál es su intensidad.

Esta puede ser una buena oportunidad para conocerse mejor. Una vez completado el diario, muéstrelo a una persona de confianza y pídale su opinión.

Las emociones inadecuadas

Toda emoción, positiva o negativa, tiene un papel importante: sin emociones nuestra vida sería plana y vacía. La ansiedad que experimentamos antes de un examen, por ejemplo, puede ser importante porque estimula a estudiar con el máximo empeño. Muchas emociones negativas tienen una función fundamental. El miedo nos impide asumir comportamientos peligrosos para nosotros mismos y los demás; la ansiedad nos empuja a poner atención ante ciertas situaciones; el dolor como consecuencia de la pérdida de una persona amada permite a quien lo experimenta adaptarse a la pérdida. Las emociones son inadecuadas en las siguientes circunstancias:

1. Son exageradas respecto a las situaciones en las cuales se plantean.
2. Persisten excesivamente en el tiempo.
3. Impiden a la persona concentrarse en otras actividades.
4. Merman las relaciones interpersonales.

Tomemos por ejemplo la siguiente situación: son las 7.50 de un lunes por la mañana y como siempre, el señor José viaja en un autobús atiborrado de gente. En un momento dado, el conductor frena bruscamente y la persona que estaba cerca de él, sin quererlo, lo golpea con violencia y le pisa la cartera de mano. En este momento, el señor José, hasta entonces inmerso en sus pensamientos solitarios, empieza a levantar la voz y acusa al conductor y al desafortunado pasajero de falta de atención y negligencia. Algunos minutos después el señor José llega a su destino. Con el aspecto de alguien herido en su orgullo, baja del autobús, pero no puede olvidar la falta de civismo y de educación que reina en nuestra sociedad. Estas consideraciones lo acompañan todo el día, haciéndolo odioso a los ojos de sus compañeros, los cuales lo conocen bien y lo evitan. Quizá mañana... Consideremos lo que le ha pasado al señor José en relación a las cuatro condiciones expuestas anteriormente. Es cierto que encontrarse en un medio de transporte público atiborrado de gente no es una experiencia agradable. De todas maneras, el señor José no estaba solo, junto a él habían muchas otras personas y probablemente también ellos se sentían mal. Además, el conductor y el desafortunado pasajero no habían actuado intencionalmente para hacerle daño. Consecuentemente, la reacción del señor José es desproporcionada respecto a las circunstancias (punto 1). Además, el estado de malhumor que se ha creado en él ha generado una multitud de pensamientos que lo acompañarán todo el día (punto 2). Afortunadamente, los compañeros lo conocen y toleran su actitud, pero el precio pagado es elevado. Él, efectivamente, pasa todo el día en «soledad», obsesionado por pensamientos desagradables (puntos 3 y 4).

Controlar las emociones

Para administrar de manera constructiva la propia vida emocional es importante aprender a frenar los excesos emocionales, controlando los humores para que no nos traicionen. Con esto no queremos sugerir que se haya de reprimir o negar las emociones: quienes han experimentado esta estrategia saben que no funciona y que al final se «explota». El objetivo final no consiste, por lo tanto, en la eliminación de la dimensión emotiva, sino en conseguir el equilibrio interior, el dominio de uno mismo.

Si desea saber qué control ejerce sobre su vida emocional, intente contestar el siguiente test.

El control de las emociones	*Nunca*	*A veces*	*Con frecuencia*	*Siempre*
Los demás me dicen que soy lunático	1	2	3	4
Me excito fácilmente	1	2	3	4
Me sucede que entro en acción sin pensarlo demasiado	1	2	3	4
Cuando estoy de malhumor nadie consigue calmarme	1	2	3	4
Incluso las pequeñas dificultades tienen el poder de preocuparme	1	2	3	4
Cuando deseo algo no me lo puedo quitar de la cabeza	1	2	3	4
Se lee en mi cara lo que pienso	1	2	3	4
No me cuesta nada hablar de mis asuntos personales	1	2	3	4
A veces me siento a punto de explotar	1	2	3	4
La gente que conozco dice que soy un tipo difícil de tratar	1	2	3	4
Entiendo rápidamente si alguien me quiere fastidiar	1	2	3	4
Me resulta difícil aceptar el hecho de que mis ideas no sean consideradas	1	2	3	4
Para las personas que están cerca de mí es fácil entender cómo me siento	1	2	3	4
No tengo pelos en la lengua	1	2	3	4
Puedo cambiar de humor sin ningún motivo aparente	1	2	3	4
Total				

Puntuación inferior a 21

Demuestra una firme disciplina interior. Su vida se mueve canalizada por la lógica y la racionalidad. Probablemente a los ojos de los demás es un ejemplo de control y quizás alguien envidia su capacidad de dominar las pasiones.

Su habilidad se extiende también a las situaciones difíciles y conflictivas: si nota que alguien está enojado con usted indebidamente, consigue encontrar un campo neutral en el cual enfrentarse con él. Esto le permite afrontar las discusiones con claridad y con calma, sin llegar a soluciones extremas.

De todas maneras, hay un precio que pagar: la disciplina que se impone da de usted una imagen poco romántica y sensible. Intente escuchar y comunicar con más interés sus estados de ánimo, podría encontrar aspectos interesantes en usted y en los demás.

Puntuación comprendida entre 21 y 42

Sus sentimientos no son para usted ningún misterio.

Ha desarrollado un buen equilibrio entre consciencia y expresión de las emociones. Quizás a veces puede estar a merced de la cólera, de las preocupaciones o de la ansiedad. Pero en general, consigue salir del atolladero e impedir que sus estados de ánimo comprometan las relaciones sociales.

Ejercita un buen control sobre su vida emocional, pero sería oportuno desarrollar un mayor control sobre aquellas esferas en las cuales se siente más débil.

Puntuación superior a 42

Probablemente ha desarrollado una sensibilidad exasperada, ya sea hacia el mundo exterior, o bien, en relación con su interioridad.

Cuando está eufórico arrastra a las personas que le circundan sin que se den cuenta.

Ejercita mucha influencia también en sentido negativo: cuando está de malhumor no se le puede acercar nadie; en estos casos, el mayor problema es que las personas que están cerca de usted no entienden el motivo. ¿Y usted?

Intente desarrollar una mayor consciencia de sus sentimientos. Si es posible, comuníquelos a quienes le rodean pero no arrastre a los demás en función de sus emociones.

Cómo se generan las emociones

Considere el ejemplo siguiente. Después de haber trabajado sin pausa durante toda la mañana, el señor Lucas decide concederse una pausa para el café. Mientras está en la máquina del café pasa su jefe de oficina y en tono sarcástico comenta: «Siempre descansando, ¿eh?»; el señor Lucas empieza a pensar: «¡Oh, qué mala suerte, me ha pescado, qué mala suerte tengo, es la segunda vez que tomo café y él me ve. Ahora pensará que no hago nada. Desde luego estas cosas sólo me pasan a mí!». El ejemplo demuestra que *es exactamente lo que pensamos* respecto a una situación *lo que provoca nuestra reacción emocional*; los acontecimientos por sí mismos no tienen el poder de generar emociones. El señor Lucas está nervioso porque considera la situación peligrosa y en su mente han aparecido pensamientos negativos; es por lo tanto la manera como uno se habla a sí mismo lo que provoca la reacción ansiosa.

«Me estrecha la mano pero en realidad quiere fastidiarme»

Es nuestra manera depercibir los eventos lo que determina nuestras emociones

Transformar los pensamientos negativos en positivos

Para contrarrestar las emociones inadecuadas es necesario evitar los pensamientos negativos y desarrollar una manera más constructiva de pensar y de evaluar las situaciones. Para desarrollar un pensamiento razonable, puede consultar la siguiente tabla. Como podrá observar, en la columna de la izquierda se indican algunos pensamientos negativos; en la de la derecha, en cambio, se indican algunos «diálogos interiores» útiles para contrarrestar los primeros. Algunos espacios se han dejado en blanco: rellénelos utilizando su experiencia personal.

Pensamientos negativos	*Diálogos interiores para contrarrestar los pensamientos negativos*
Tengo que ser apreciado por	Sería muy bonito que .... me apreciara, pero puedo vivir sin su reconocimiento No es nada agradable que .... no esté de acuerdo conmigo, pero no es terrible Aunque no es lo que deseo, consigo soportar que .... no me aprecie Mi valor no depende de la aprobación de ....
No puedo equivocarme	Cualquiera se puede equivocar, somos seres humanos Es desagradable no poder estar a la altura de las circunstancias, pero no es terrible Puedo hacer lo mejor que sé, pero no lo imposible Aunque me equivoco soy una persona apreciable
Tengo que conseguir obtener	Si bien es fastidioso no poder obtener lo que deseo, no es terrible Consigo soportar el hecho de que no siempre se puede obtener lo que se quiere Puedo vivir bien aun sin tener lo que deseo
Si me encuentro mal es porque vivo en un ambiente negativo	Aunque esta situación es intolerable, puedo decidir reaccionar de la manera más eficaz Tengo más poder sobre mi entorno del que en realidad creo tener
Si me ayudaran, probablemente conseguiría hacerlo mejor	No puedo depender toda la vida de los demás Puedo aceptar el riesgo de decidir por mí mismo Los errores pueden ser una ocasión para aprender Si decido por mi cuenta y me equivoco, esto no significa que soy una nulidad

(Continuación)

Pensamientos negativos	*Diálogos interiores para contrarrestar los pensamientos negativos*
Tengo problemas porque no he hecho la elección justa en el pasado	Indique pensamientos que pueden ser utilizados para contrarrestar este pensamiento negativo ....
No puedo tolerar que esa persona decida por mí	Puedo aceptar el hecho de que en algunas circunstancias, son los otros los que deciden ....
Existe una solución y tengo que encontrarla pase lo que pase	Indique pensamientos que pueden ser utilizados para contrarrestar este pensamiento negativo ....
No valgo nada, muchas personas que conozco han conseguido una posición mejor que la mía	Indique pensamientos que pueden ser utilizados para contrarrestar este pensamiento negativo ....
Los demás deben apreciar lo que hago por ellos	Indique pensamientos que pueden ser utilizados para contrarrestar este pensamiento negativo ....
¿Consigue encontrar algún otro pensamiento negativo?	Indique pensamientos que pueden ser utilizados para contrarrestar el pensamiento negativo que ha detectado ....
¿Consigue encontrar algún otro pensamiento negativo?	Indique pensamientos que pueden ser utilizados para contrarrestar el pensamiento negativo que ha detectado ....

LAS IDEAS IRRACIONALES DE ALBERT ELLIS

Según Albert Ellis, conocido psicólogo americano, en la base de las ideas negativas e inadecuadas pueden encontrarse algunas opiniones irracionales. En la tabla siguiente hemos relacionado algunas, léalas atentamente e indique cuál le resulta más familiar.

IDEAS NEGATIVAS E INADECUADAS

	¿Estoy de acuerdo con esta idea?			
	Nunca	*A veces*	*Casi siempre*	*Siempre*
En la vida es necesario ser amados y apreciados por todos	☐	☐	☐	☐
En la vida se debe estar siempre preparado, victorioso y a la altura de cada situación	☐	☐	☐	☐
En la vida es necesario obtener lo que se quiere	☐	☐	☐	☐
La infelicidad de los seres humanos depende del mundo exterior	☐	☐	☐	☐
En la vida es necesario contar con el apoyo de personas más importantes que nosotros	☐	☐	☐	☐
Para vivir bien es necesario haber hecho las elecciones justas en el pasado	☐	☐	☐	☐
En la vida hay que estar en estado de alerta	☐	☐	☐	☐
Para cada problema es posible encontrar la solución óptima	☐	☐	☐	☐
Si no se llega a los resultados obtenidos por los demás, se es inferior	☐	☐	☐	☐
Es más fácil evitar ciertas dificultades antes que afrontarlas	☐	☐	☐	☐

Quizás alguien, mientras leía la tabla, se habrá dicho: «Pero yo no he tenido nunca ideas parecidas». Es probable: en general las ideas irracionales no llegan a nuestra mente de la manera como las hemos presentado. Es raro que una persona se diga sí misma: «Quisiera tener un empleo de mayor responsabilidad porque para mí es fundamental ejercitar el poder». De todas maneras esto no significa que sea difícil localizar la presencia de ideas irracionales. Por ejemplo, las personas interesadas con tener poder antes o después descubrirán sus deseos. Si quiere profundizar en el motivo por el cual tales ideas son irracionales, lea la siguiente tabla.

LAS IDEAS INTERNACIONALES

Idea irracional	*Es una idea irracional porque*
En la vida es necesario ser amados y apreciados por todos	Es imposible ser amados por todos, siempre habrá alguien que no nos quiera. Por otra parte, también nosotros tenemos nuestras simpatías y antipatías. Nos obliga a ser serviles con las personas de las cuales buscamos la aprobación
En la vida se debe estar siempre preparado, victorioso y a la altura de cada situación	Es exagerado pretender ser excelentes en todas (o casi todas) las situaciones. Nos empuja siempre más allá de nuestros límites. Nos obliga a enfrentarnos con los demás, hacernos envidiosos de sus resultados. Relaciona el valor de una persona con las cosas que obtiene.
En la vida es necesario obtener lo que se quiere	Nos lleva a confundir los deseos («quisiera tener»), con las necesidades («tengo que tener»); no siempre es posible satisfacer los deseos.
La infelicidad de los seres humanos depende del mundo exterior	En realidad, de esta manera no se hace sino afirmar nuestra incapacidad para modificar las cosas.

(Continuación)

Idea irracional	*Es una idea irracional porque*
En la vida es necesario contar con el apoyo de personas más importantes que nosotros	Nos hace vivir como personas dependientes de la ayuda de los demás. Nos impide aprender. Nos hace esclavos de los poderosos. Nos impide conocer nuestros deseos.
Para vivir bien es necesario haber hecho las elecciones justas en el pasado	Nos hace olvidar que existe un futuro que puede ser mejorado. Nos hace equivocar porque delante de los problemas del presente continuaremos aplicando soluciones que sólo eran válidas en el pasado.
En la vida hay que estar en estado de alerta	Es imposible realizar este intento. Cada persona tiene poder de decisión en ciertos ámbitos y no en otros.
Para cada problema es posible encontrar la solución óptima	No es verdad. Hay muchas cosas de las cuales los científicos no saben nada. Al mismo resultado puede llegarse por caminos muy diferentes.
Si no se llega a los resultados obtenidos por los demás, se es inferior	No es verdad. Cada persona es única, así como únicos son los resultados que se pueden conseguir. Nos empuja a estar permanentemente insatisfechos de nosotros mismos y de lo que hemos conseguido. Así tendemos a tomar como ejemplo los que están mejor que nosotros.
Es más fácil evitar ciertas dificultades antes que afrontarlas	Es falso. Evitar una situación porque se considera complicada necesita mucha más energía que afrontarla activamente. Merma la confianza en nosotros mismos. ¡La vida pide coraje!

Algunos consejos para mejorar

Antes de presentar una estrategia para administrar y contrarrestar las emociones inadecuadas, resumamos brevemente los conceptos que hemos expuesto hasta ahora:

- ✓ No existen emociones útiles e inútiles. Cada emoción tiene un papel importante y fundamental en la vida de las personas.
- ✓ Las emociones dan color a la vida.
- ✓ Cada persona tiene su propio estilo emocional.
- ✓ Para contrarrestar las emociones inadecuadas el primer paso consiste en desarrollar la sensibilidad hacia la propia vida emocional.
- ✓ Para entender si una emoción es inadecuada, es importante formularse algunas preguntas:

— ¿es desproporcionada respecto a la situación?;
— ¿persiste por un tiempo excesivo?;
— ¿me impide concentrarme en otras actividades?;
— ¿pone en peligro mis relaciones interpersonales?

Si la respuesta a estas preguntas es afirmativa, probablemente las emociones que experimenta absorben una cantidad excesiva de sus energías mentales y obstaculizan la consecución de otras metas para usted importantes.

- ✓ Las emociones no salen de la nada. Nacen de nuestra manera particular de ver las situaciones y de evaluar las circunstancias.
- ✓ Las personas que experimentan reacciones emotivas inadecuadas con frecuencia desarrollan un diálogo negativo consigo mismas (véase tabla en las páginas 85 y 86).
- ✓ En la base de los pensamientos negativos hay pensamientos irracionales: para encontrarlos es necesario poner atención a los pensamientos que acompañan la tensión emocional.
- ✓ Las creencias irracionales pueden contrarrestarse desarrollando un diálogo interior diferente del que normalmente acompaña nuestra vida emocional.

Para modificar los estados de ánimo negativos es oportuno proceder por fases.

1. Concéntrese en la situación que ha dado lugar a la reacción emotiva; descríbala con claridad y simplicidad, y sobre todo evite añadir consideraciones e interpretaciones personales. Una descripción objetiva podría ser: «Un compañero ha hablado mal de mí a mis superiores». Una descripción subjetiva es, en cambio: «Aquel estúpido de mi compañero, que no es capaz de ocuparse de sus asuntos, ha hablado mal de mí a mis superiores».

2. Aísle su reacción emotiva. Pregúntese: «¿Cómo me he sentido en aquella situación particular?». No es necesario indicar un único sentimiento.

3. Describa los pensamientos que han acompañado su estado de ánimo. Haga una lista de los pensamientos negativos aparecidos en su mente en aquella situación específica (a este propósito puede utilizar la tabla de las páginas 85 y 86).

4. Transforme los pensamientos negativos en pensamientos positivos.

5. Proyecte un plan de acción, válido para resolver la situación actual o para aplicar en situaciones similares.

6. Empéñese en poner en práctica su plan de acción (a este propósito puede utilizar los ejemplos de la página 148).

La ansiedad

Todos conocemos bien lo que es la ansiedad. No existe nadie que no haya experimentado nunca este estado de ánimo. Basta dar un paso hacia atrás en el tiempo y recordar la primera cita amorosa, los exámenes del colegio, la primera oposición o entrevista de trabajo. ¿Cómo se ha sentido? La ansiedad es un estado emocional normal que nos acompaña en muchas circunstancias e influye en nuestra manera de afrontarlas. La relación entre ansiedad y capacidad de afrontar las situaciones se ilustra en el siguiente gráfico.

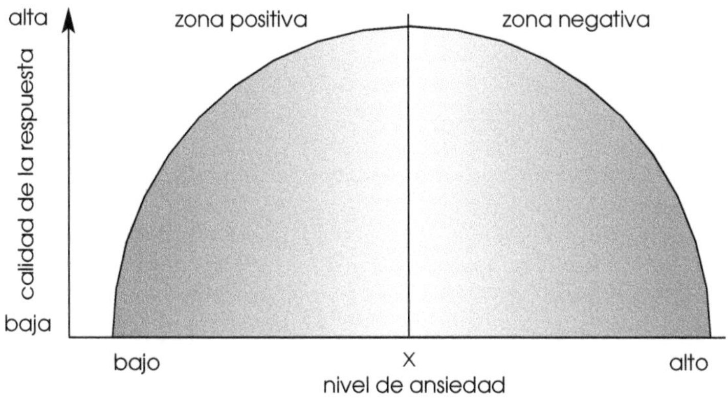

El gráfico (elaborado por Yerkes y Dodson) ilustra la relación existente entre el nivel de ansiedad y la calidad de los resultados: cuando la ansiedad es muy baja no estamos lo bastante estimulados para empeñarnos al máximo, no encontramos motivación y, consecuentemente, obtendremos un modesto resultado. De todas maneras, a medida que el nivel de ansiedad aumenta acercándose a la línea central (indicada por la letra X), la activación que deriva de ella nos ayuda a desarrollar nuestros deberes de la mejor manera. Cuando nos encontramos en esta situación, las preocupaciones y la tensión nos ayudan a concentrarnos. A pesar de ello, si la ansiedad supera un cierto nivel (supera la letra X), los efectos sobre el comportamiento serán altamente negativos. En estos casos, la preocupación se convierte en terror, la leve sensación de vacío en el estómago se transforma en tenaza, produciéndose entonces un cortocircuito en nuestros pensamientos. Así, la ansiedad es una emoción común y saludable, pero puede ser muy peligrosa si supera un cierto nivel. Veamos en primer lugar qué entendemos exactamente con el término ansiedad.

¿Qué es la ansiedad?

Cada vez que nos encontramos ante una situación de peligro, nuestro cuerpo reacciona según un esquema predeterminado, produciendo hormonas que ponen a todo el organismo en estado de alerta: el corazón empieza a latir más rápidamente, la respiración se hace irregular, el tono muscular aumenta hasta el punto de causar temblores y las pupilas se dilatan. Los estudiosos han definido este esquema de respuesta como reacción de «ataque o fuga».

Las reacciones físicas que se manifiestan durante un estado de ansiedad no se generan casualmente. Son independientes de nuestra voluntad y nos indican que nuestro cuerpo se está preparando para combatir o para escapar. Si creemos tener la fuerza suficiente para afrontar el peligro, combatiremos; si, en cambio, pensamos encontrarnos delante de un peligro superior a nuestra capacidad de afrontarlo, escaparemos. Si se debe afrontar un peligro real y objetivo, esta reacción, además de ser absolutamente natural, nos permite, por ejemplo, correr más rápidamente para escapar de un perro que nos persigue, nos ayuda a reaccionar con prontitud para evitar un accidente o para esquivar un objeto lanzado hacia nosotros. Pero, a veces, esta reacción aparece sin justificación aparente. Es este el caso de las personas que se preocupan excesivamente cada vez que una idea propia encuentra algún obstáculo, o el de aquellas que se agitan por la mera idea de ir a hablar con el jefe para pedirle un permiso de pocas horas.

La ansiedad es por tanto un estado de tensión física y mental que nos advierte de un peligro inminente y que nos empuja a comportarnos como si hubiera que afrontar algo negativo. Se puede considerar, por lo tanto, como señal de alarma que permite a los individuos prepararse y afrontar los peligros, reduciendo al máximo sus consecuencias. Para conseguir afrontar un peligro de manera constructiva y positiva es necesario comprender sus causas, entender cuáles son los orígenes, y desarrollar una actitud que permita contrarrestar sus efectos nocivos. En cualquier caso será útil describir la sintomatología de la ansiedad, es decir, cómo se manifiesta, y examinar los casos en los cuales puede ser considerada grave.

Cómo se manifiesta

La reacción de ansiedad es particularmente complicada. Comprende diferentes tipos de reacciones:

- físicas;
- mentales;
- emocionales;
- de comportamiento.

Las reacciones físicas

Veamos algunos síntomas típicos con los que la ansiedad se expresa a través del cuerpo:

- fatiga generalizada;
- debilidad;
- alteraciones del ritmo respiratorio (respiración rápida y poco profunda);
- sensación de tener un nudo en la garganta;
- aumento o disminución de la presión sanguínea;
- aumento de la tensión muscular;
- dificultad de movimiento e inestabilidad (no se consigue estar quieto y nos movemos con dificultad);
- sensación de presión en el pecho;
- boca seca;
- dolor de barriga;
- sensación de vacío;
- aumento de la sudoración;
- palidez;
- temblores;
- prurito.

Las reacciones mentales

La ansiedad, además de manifestarse a través del cuerpo, se experimenta también obstaculizando nuestra capacidad de pensar de manera razonable. Con frecuencia las personas ansiosas cometen errores en la evaluación de las situaciones en las que se encuentran. Veamos algunos:

• *Proyectar al exterior las propias emociones.* De esta manera se usa el propio estado de ánimo como demostración de que se trata de una situación peligrosa. Por ejemplo: «Puesto que me encuentro muy mal cuando hablo con mi jefe, esto significa que es razonable tener miedo de pedirle un aumento de sueldo».

• *Generalizar.* Hay quienes, por el hecho de que algo en concreto del momento presente no funciona como creen que debería funcionar, consideran que toda su vida ha sido un fracaso.

• *Sacar conclusiones apresuradas.* Este es el caso de las personas que se declaran en estado de «recesión» porque sus negocios han experimentado un ligero empeoramiento.

Además de estos «errores de evaluación», cuando estamos en un situación ansiosa nuestro pensamiento experimenta una reducción global de su capacidad. En particular, se ha observado que la ansiedad facilita la emergencia de reacciones particulares:

- ✓ sentimiento de confusión;
- ✓ pérdida de objetividad;
- ✓ aturdimiento;
- ✓ dificultad de concentración;
- ✓ bloqueo de las ideas;
- ✓ preocupaciones sin sentido.

Las reacciones emocionales

La reacción de ansiedad se caracteriza también por la presencia de emociones negativas. Veamos las que aparecen con mayor frecuencia:

- ✓ inquietud;
- ✓ agitación;
- ✓ sensación de malestar;
- ✓ temores de naturaleza variada;
- ✓ irritabilidad;
- ✓ miedo;
- ✓ sensación de estar «a la que salta»;
- ✓ preocupaciones insistentes.

Las reacciones de comportamiento

Como hemos dicho antes, la ansiedad es un estado de ánimo que nos empuja a adoptar comportamientos que tienen como fin evitar un peligro. Aunque cada persona tiene su manera particular de reaccionar delante de la ansiedad, en general algunos comportamientos son más frecuentes que otros.

La fuga

• *La fuga*. Es la reacción más conocida y consiste en alejarse de la situación o del objeto temido.

• *El bloqueo*. A veces, cuando la ansiedad se presenta, no se consigue combatir, más bien nos quedamos en una situación de inmovilidad. Es el caso, por ejemplo, de aquellas personas que ante determinadas situaciones (decidir cambiar o aceptar un nuevo empleo), empiezan a preocuparse, están indecisas sobre lo que hay que hacer, piensan continuamente en el problema, y están llenas de dudas. No quieren equivocarse, pero al final el único resultado que obtienen es el de no resolver nada. Atención: el riesgo que se corre, en estos casos, es el de «perder el tren».

El bloqueo

• *La agitación*. En este caso, la ansiedad no actúa como freno sino que, al contrario, produce una especie de hiperactividad. Es lo que pasa cuando, por ejemplo, hay que hacer muchas cosas y se dispone de poco tiempo, o cuando hay que afrontar un nuevo empeño laboral. La voluntad de cumplir con los acuerdos es elevada, así como la preocupación de no conseguirlo. Consecuentemente, en esta mezcla de temores y deberes, la persona que desarrolla una reacción de ansiedad empieza a correr de una parte a otra, de un lugar a otro, con el único resultado de enredar las cosas y de

La agitación

empeorar la situación. Si esta es su manera habitual de reaccionar a la ansiedad, sería conveniente que recordara que la ansiedad no tiene frenos, los tiene que poner usted.

• *El perfeccionismo*. Quien reacciona de esta manera está acostumbrado a «buscar los tres pies al gato», en vez de vivir las preocupaciones y las incertidumbres como parte de la experiencia vital; la persona perfeccionista prefiere pensar que todo puede ser arreglado con un poco de método y empeño. Es este, por ejemplo, el caso del estudiante que, por el miedo de equivocarse en un examen, intentará prepararse analizando cada palabra del libro, profundizando los argumentos tratados y así sucesivamente, con el espíritu del perfeccionista.

El perfeccionismo

Las reacciones excesivas

Cuando la ansiedad se presenta sin un motivo real, cuando es excesiva respecto a la situación, nos asaltan multitud de preocupaciones que se alimentan unas a otras. En nuestra mente toman asiento multitud de pensamientos de difícil control y que nos impiden encontrar una válida escapatoria.

Para descubrir si este tipo de comportamiento se produce también en usted, y por tanto si la ansiedad que experimenta es excesiva, analice su reacciones. Intente hacerse algunas preguntas sobre los efectos de sus preocupaciones:

- ¿me impiden poner el máximo empeño en mis actividades?;
- ¿son irracionales? (para responder a esta pregunta pida opinión a las personas que le conocen);
- ¿me inducen a aislarme de los demás?;
- ¿me impiden resolver el problema?

Si ha respondido afirmativamente en algún caso, probablemente la ansiedad que experimente sea excesiva y le impida encontrar soluciones positivas para afrontar la dificultad.

A veces la ansiedad puede generar o manifestarse como una dificultad concreta. Este es el caso de trastornos como la fobia simple y la fobia social, el ataque de pánico y la ansiedad generalizada. Veamos brevemente cómo se manifiesta la ansiedad en estas situaciones.

La fobia simple

Entendemos por fobia simple una reacción de miedo irracional hacia algunos objetos o situaciones.

Las formas más comunes de fobia tienen que ver con los animales (perros, serpientes, insectos, ratones, etc.); otras, pueden desencadenarse con la visión de la sangre, en lugares cerrados, en los viajes en avión y en sitios elevados. En general, las personas que sufren de tales fobias reconocen que su miedo es exagerado o inmotivado, pero saber esto no les sirve para mejorar. Con frecuencia, la solución adoptada consiste simplemente en alejarse de las situaciones o de los objetos temidos.

Hay diversos términos para definir los miedos irracionales. Los más conocidos son los siguientes:

- aracnofobia: miedo a las arañas;
- eritrofobia: miedo a la sangre;
- claustrofobia: miedo a los lugares cerrados.

Para evaluar la gravedad de una determinada fobia simple es importante comprender si interfiere efectivamente con la vida cotidiana. Por ejemplo, si alguien que vive en una gran ciudad, sufre de fobia a las serpientes, probablemente su manera de vivir no cambiará dada la escasa probabilidad de encontrar el objeto temido en su medio habitual de vida.

La fobia social

Las personas que padecen fobia social temen todas aquellas situaciones en las que están sometidas a la observación de los demás. El riesgo que intentan evitar es comportarse de manera poco aceptable y ser juzgados.

Hablar o exhibirse delante de un público, comer en el restaurante, utilizar los servicios públicos y, en general, todas las actividades que pueden desarrollarse en presencia de otras personas, desencadenan una reacción de ansiedad y consecuentemente se evitan activamente.

La ansiedad generalizada

Hablamos de ansiedad generalizada cuando una persona vive constantemente en un estado de tensión, de angustia y preocupaciones injustificadas, en relación con algunas situaciones y sucesos. Por ejemplo, hay quienes viven angustiados por el temor de que a sus hijos pueda sucederles algo grave; aunque saben perfectamente que están seguros, esto no reduce sus preocupaciones. Otros, en cambio, se atormentan por problemas económicos inexistentes, o también viven con el temor de desastres inminentes. Para que se pueda hablar de ansiedad generalizada hay que comprobar que las preocupaciones demostradas realmente son irracionales; una persona sin estabilidad económica, que vive gracias a trabajos pasajeros, nutre temores que no son para nada imaginarios acerca de su propio futuro: en su caso, hablar de ansiedad generalizada sería totalmente inadecuado.

El ataque de pánico

En general, el ataque de pánico se manifiesta con la aparición imprevista de miedo intenso y terror, que invaden al individuo durante algunos segundos (en algunos casos la duración puede ser superior). Reacciones de ansiedad y terror aparecen de manera imprevista y sin aviso, y sin ningún motivo específico, en situaciones habituales de la vida cotidiana. En algunos casos, los ataques pueden ser desencadenados por situaciones particulares, como la conducción de un automóvil. Durante un ataque de pánico, se tiene la sensación de ser abordado y desbordado por el temor de perder el control, de enloquecer o de morir. Los síntomas físicos presentes durante la crisis son: calores, sensación de ahogo, aumento del ritmo cardíaco, dolores en el tórax y vértigo. En general, las personas que sufren ataques de pánico están obsesionadas por el temor de repetir la experiencia. Esto les puede llevar a situaciones paradójicas como «tener miedo de tener miedo». Con frecuencia la crisis se acompaña de agorafobia, es decir, del temor de encontrarse solos en lugares públicos (como el supermercado o el cine). En estos casos es claro que este trastorno puede ser muy debilitante, porque llega hasta el punto de impedir a la persona salir de casa, ir a trabajar o desarrollar las habituales actividades cotidianas.

Las causas

Existen muchos puntos de vista capaces de explicar el motivo por el cual ante una situación determinada surge la ansiedad. Algunos estudiosos creen que las reacciones de ansiedad son el resultado de experiencias negativas precedentes. Esto corresponde también a nuestra experiencia. Si, por ejemplo, hemos tenido la desgracia de haber sido mordidos por un perro, probablemente la simple visión de un perro nos provocará ganas de escapar. Además, hablando de experiencias pasadas, no se puede olvidar el peso de la educación recibida en familia. Se ha observado que las personas particularmente sensibles a la ansiedad han tenido a su vez padres represivos y ansiosos. En este caso, es natural suponer que el miedo ha sido transmitido con la educación.

Ciertamente hay muchas otras teorías capaces de explicar la ansiedad. Los psicoanalistas, por ejemplo, sostienen que en su base es posible encontrar conflictos inconscientes. Según este punto de vista, las personas que tienen miedo a las serpientes no temen a las serpientes en realidad, sino lo que ellas representan en su inconsciente.

Nosotros, en cambio, queremos acentuar sobre todo la manera con la cual las personas se comportan, y los pensamientos que preceden y acompañan sus acciones. Como consecuencia, para comprender cómo se desarrolla la reacción de ansiedad es importante concentrarse en la manera particular como evaluamos las situaciones. ¿Recuerda? Las emociones se generan a partir de nuestras opiniones sobre lo que es importante en la vida, de las imágenes que tenemos de nosotros mismos y de los demás, de los valores que compartimos y de los objetivos que perseguimos (véase capítulo «Las emociones», página 75).

LAS CONDICIONES FÍSICAS

En algunos casos, la ansiedad pueden ser provocada por determinadas condiciones físicas. Cuando la cantidad de azúcar presente en la sangre es inferior a la normal, los síntomas derivados pueden ser parecidos a las manifestaciones de ansiedad. Una situación análoga tiene lugar en la arritmia cardíaca que, efectivamente, se manifiesta a veces de manera parecida a los ataques de pánico. Las condiciones físicas responsables de la ansiedad son múltiples; en cualquier caso, una vez diagnosticadas por el médico y curadas, las reacciones de ansiedad derivadas tienden a debilitarse.

Algunos investigadores han demostrado que los trastornos de ansiedad pueden ser hereditarios, como lo es el color del cabello. En realidad, la situación es más complicada y es difícil afirmar si la ansiedad de una determinada persona ha sido transmitida genéticamente por los padres, o es el resultado de la educación recibida en la familia.

Manejar y reducir la ansiedad

Para controlar la ansiedad y evitar que nos invada es necesario proceder del siguiente modo:

- reconocer la ansiedad;
- modificar algunos comportamientos que refuerzan la ansiedad;
- prestar atención al propio cuerpo;
- transformar los pensamientos negativos en positivos.

Reconocer la ansiedad

La ansiedad es un estado emocional conocido por todo ser humano. Aunque en algunos casos puede complicar la existencia de una persona, este sentimiento posee una función importante y vital. Para gestionar, reducir y eliminar la ansiedad, el primer paso es aceptarla. Es decir, se trata de admitir que existe en nosotros y que no nos hace ni mejores ni peores que los demás.

- Acepte el hecho de que algunas circunstancias producen ansiedad.
- Permítase el lujo de experimentar la ansiedad.

Conocer la propia aprensión significa también descubrir en qué situaciones se desarrolla. A este propósito, puede utilizar la tabla siguiente. Una vez definidas las circunstancias en las cuales la ansiedad se manifiesta, probablemente tendrá un cuadro más claro de las situaciones de la vida en las cuales usted es más vulnerable.

¿DÓNDE Y CÓMO SE MANIFIESTA LA ANSIEDAD?

Circunstancia	*Reacción*
....	....
....	....
....	....
....	....
....	....
....	....
....	....
....	....

Modificar los comportamientos que refuerzan la ansiedad

Como hemos visto, una manera frecuente de reaccionar ante la ansiedad es la de alejarse de los objetos, de las situaciones y de las personas que la provocan. A veces, la huida se utiliza también como medio de prevención. En estos casos, el razonamiento seguido es más o menos este: «Ya que estoy convencido de que no conseguiré hacer frente a la situación, la evito».

- *No escape*. Si teme que pueda suceder algo negativo es natural preocuparse, pero es exagerado torturarse sólo porque se prevé que algo pueda acabar mal. Se ha demostrado que si alguien se aleja de una situación porque está dominado por la ansiedad, la próxima vez sus reacciones serán aun más intensas y molestas. Por ejemplo, si no asiste a una reunión porque tiene miedo de que alguien le invite a tomar la palabra, a medida que pase el tiempo, probablemente no conseguirá ni siquiera entrar en la sala de reuniones.

- *Sea gradual*. A veces afrontar una situación resulta particularmente difícil. Si le sucede esto no se preocupe, no significa que no conseguirá nunca controlar la inquietud; se puede escoger la vía de avanzar dando pequeños pasos: si tiene miedo de subir en ascensor, en vez de hacer un viaje completo en ascensor, puede ponerse como objetivo subir un piso cada vez, o alternar un piso a pie y otro en ascensor. Quizás a alguien este método le parecerá ridículo, pero se ha demostrado que al cabo de no mucho tiempo produce óptimos resultados.

- *No llame a las desgracias*. Con frecuencia las profecías se hacen realidad, pero esto no significa necesariamente que fueran exactas. Las personas que se preocupan excesivamente, con sus actitudes hacen que sus temores se traduzcan en realidad.

- *No saque conclusiones apresuradas*. Por ejemplo, si su jefe no le saluda, no llegue inmediatamente a la conclusión de que no aprecia su trabajo. Su actitud, efectivamente, puede tener muchas otras explicaciones: la más simple es que probablemente no le haya visto. Además, si siente que su corazón late con latidos irregulares, no piense inmediatamente que se trata de un incurable trastorno cardiaco. Pida la opinión de su médico: él es quien puede diagnosticar las enfermedades.

«Estoy seguro, ¡me he jugado el aumento!»

Antes de sacar conclusiones, intente verificar sus opiniones

• *Intente tolerar el sufrimiento*. No es fácil conseguir el objetivo de controlar la ansiedad, se necesita tiempo y empeño. Este principio es válido para cada situación en la cual debemos aprender una nueva habilidad. Al principio, si no consigue eliminar el miedo, intente por lo menos tolerarlo. A medida que pasa el tiempo se sentirá más fuerte y entonces será capaz de contrarrestarlo.

• *Evite las preocupaciones inútiles*. No haga verdadero lo que de hecho es imposible: reconozca que ciertos temores no conllevan ninguna ventaja. A veces las personas escogen complicarse la vida ellas mismas; están inmersas en sus preocupaciones, navegan dentro de ellas y corren el riesgo de ahogarse. Sólo ocasionalmente emergen para quitarse de encima la angustia, y después de la pausa se lanzan de nuevo. Está bien preocuparse, pero no es saludable dar vueltas a problemas que están fuera de nuestras capacidades. Algunas preocupaciones son inútiles no sólo porque nos hacen sufrir, sino porque atraen otras, en un círculo sin fin. Por ejemplo, ¿de qué sirve preocuparse de que un avión pueda caer? Este temor a veces está justificado, pero nosotros podemos hacer bien poco para limitar la probabilidad que tenga lugar un desastre. Si un avión precipita, la causa hay que atribuirla a un error humano, a fallos de la instrumentación o a algún atentado, pero en cualquier caso a factores externos. La única cosa que podemos hacer es escoger la compañía aérea más segura, después será el piloto el que asegurará a sus pasajeros un viaje sereno.

• *Recuerde que la ansiedad es transitoria*. Es imposible mantener la ansiedad 24 horas al día durante 365 días al año. Antes o después la ansiedad se desvanece; esto sucederá también cuando se decida afrontar las situaciones temidas.

• *Mantenga siempre una ventana abierta al mundo*. Con frecuencia las personas inclinadas a preocuparse excesivamente se encierran en sus pensamientos y evitan reconocer los indicios que podrían hacerles estar mejor. Es importante recordar que cada situación puede ser considerada según perspectivas diferentes. Aprenda a ver también los aspectos positivos de lo que le ocurre. No hay que esconderse de los problemas, pero tampoco transformar cualquier evento en una catástrofe.

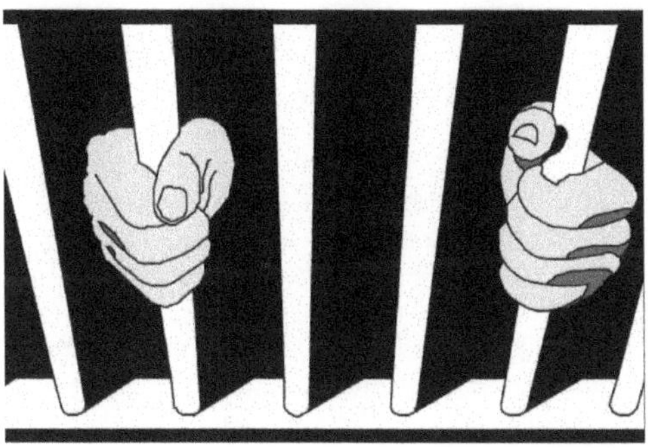

No se deje encerrar en la prisión de la ansiedad, mantenga una ventana abierta al mundo

Cuidar el propio cuerpo

A este argumento hemos dedicado un capítulo entero («Mantenerse en forma», página 43). En esta sección nos limitaremos a recordar, una vez más, la importancia del ejercicio físico, de una correcta alimentación y de la actividad de relajación. En particular, por lo que se refiere a la alimentación, es una buena norma intentar reducir el consumo de café y de todas las sustancias que contengan cafeína (el chocolate entre ellas). En determinadas condiciones de estrés, nuestro cuerpo es muy sensible a los estimulantes y podría reaccionar con crisis de ansiedad.

Por lo que se refiere a los ejercicios de relajación, además de aquellos propuestos anteriormente, en las situaciones de ansiedad algunos estudiosos sugieren utilizar la técnica de la visualización de imágenes.

EJERCICIO DE VISUALIZACIÓN

- Encuentre un lugar tranquilo en el cual no corre el riesgo de ser molestado.
- Siéntese en una butaca o en un diván cómodo.
- Imagine que está en el cine o delante de un televisor.
- Ahora intente revivir la escena o la situación en la cual ha experimentado ansiedad.
- A partir de aquí, proceda de tal manera que su recuerdo sea proyectado en una pantalla de cine o de televisión.
- Mantenga firme su atención en la pantalla e intente revivir las mismas sensaciones que ha experimentado en la situación real.
- Cuando sienta que sus sensaciones empiezan a hacerse desagradables e intolerables, interrumpa la visión. Apague el televisor o, si ha imaginado que está en el cine, interrumpa la proyección.

Repita el ejercicio cinco o seis veces. Cada vez puede introducir algunas modificaciones. Por ejemplo, acelerar las imágenes (como en el cine mudo) o quizá pasarlas más lentamente. De esta manera notará que poco a poco se sentirá más dueño de la situación. Este mismo ejercicio puede ser utilizado también para prepararse para afrontar situaciones o personas que nos causan ansiedad. En este caso, las variaciones introducidas consisten en intentar imaginar todo lo que podría suceder afrontando la situación temida. Además, cuando repita el ejercicio, intente introducir variaciones en las cuales consiga afrontar la situación.

Transformar los pensamientos negativos en positivos

El paso fundamental para reducir y contrarrestar la ansiedad y las preocupaciones ansiosas consiste en aislar y vencer los pensamientos que la generan y la acompañan.

También en este caso es importante aislar las ideas irracionales negativas, ponerlas en discusión y sustituirlas por ideas positivas.

CÓMO CONTRARRESTAR LOS PENSAMIENTOS NEGATIVOS

1. Describa una situación en la cual se sienta ansioso.

....

....

....

2. En general, ¿cómo se manifiesta la ansiedad en esa situación?

....

....

....

3. Encuentre ahora los pensamientos negativos que preceden y acompañan la reacción de ansiedad.

   Si quiere, puede referirse a alguno de los pensamientos negativos comunes:

   — la vida es peligrosa;

   — no soy suficientemente capaz de afrontar la situación;

   — si algo puede ir mal, hay que preocuparse;

   — si sucediese que .... podría hacerme daño;

   — no puedo arriesgarme;

   — tengo que encontrar la «solución» justa;

   — no puedo fallar;

   — ....

   — ....

   — ....

   — ....

4. Póngalos en discusión. Para hacerlo, utilice algunas frases:

— ¿Estoy exagerando?

— ¿Tengo pruebas que sostengan mis pensamientos?

— ¿Tengo el poder de modificar las circunstancias?

— ¿Estos pensamientos que tengo son objetivos?

— ¿Es posible que esta situación me cause auténticos daños psicológicos?

— ....

— ....

— ....

— ....

5. Ahora, intente sustituir sus pensamientos negativos con pensamientos positivos:

— Puedo conseguirlo, después de todo nadie se ha muerto de ansiedad

— Puedo equivocarme, pero no es un drama

— Puedo conseguirlo, en el fondo ya lo he hecho otras veces

— Puedo soportar el hecho de sentirme con ansiedad

— Aunque sea terrible, puedo conseguir ....

— ....

— ....

— ....

— ....

6. ¿Es posible encontrar un buen plan de acción para afrontar la situación? (Intente ser específico y concreto)

....

....

....

....

....

....

....

....

7. Empéñese en poner en práctica su plan de acción.

Examinaré mi plan de acción el ....

La ansiedad ante un examen

Algunas personas, delante de una situación en la cual han de ser evaluadas, desarrollan una intensa reacción de ansiedad. Cada vez que deben realizar un examen, una oposición, una entrevista de trabajo o incluso una simple pregunta, su corazón se acelera, sus manos se humedecen y tiemblan, la respiración se dificulta. El malestar que se advierte influye negativamente en el nivel del resultado: el pensamiento pierde lucidez y prontitud; la memoria empieza a fallar o, en el peor de los casos, se bloquea y en la mente se presentan pensamientos negativos que no hacen sino alimentar el temor del fracaso.

Desgraciadamente, en nuestra vida «los exámenes no se acaban nunca» (la escuela, el carné de conducir, el trabajo, etc.). Es difícil afrontar estos momentos, sobre todo porque en pocos minutos una persona puede decidir acerca de algo muy importante para nosotros. Con frecuencia los estudiantes se preguntan: «¿Pero cómo puede un profesor en 10 minutos evaluar mi preparación?»; la misma pregunta se hacen también aquellos que han de mantener una entrevista de trabajo. En cualquier caso, a menos que la situación no cambie, es importante reconocer que los exámenes forman parte de la vida y que lo mejor es aprender a afrontarlos con lo mejor de nuestras capacidades. Veamos juntos cómo afrontar el temor del examen:

- *Prepare un plan de acción alternativo*. Imagine una entrevista de trabajo. Algún día antes, intente imaginar lo que sucedería en el caso de que la entrevista no tuviese un resultado positivo. Esta no es una solución pesimista, no significa sólo prepararse para lo peor, es una estrategia para adoptar una actitud más desenvuelta y relajada, que le ayudará a evitar vivir la prueba como la única oportunidad que tiene en la vida.

- *Relájese*. El día antes de afrontar la temida situación, no se deje llevar por la angustia de que se ha dejado algo por estudiar. Si se da cuenta de no haber estudiado un argumento para el examen, evite dedicarle el poco tiempo que tiene a disposición para arreglar el fallo. Relea todo el programa y encuentre tiempo para relajarse.

- *Concéntrese en las preguntas*. Ante una situación de examen, con frecuencia las personas se preocupan más de su actitud que de lo que preguntan: «Estoy temblando...»; «No da gusto oírme hablar»; «Estoy empezando a sudar». De esta manera se pierda la concentración y se corre el riesgo de no entender bien lo que preguntan. Preste atención a lo que dice, después tendrá todo el tiempo para pensar cómo lo ha dicho.

- *Encuentre el origen de la ansiedad*. Antes de afrontar el examen (académico o laboral) coja una hoja de papel y escriba cuáles son las cuestiones que le preocupan más y que le generan ansiedad. Le ofrecemos algún ejemplo.

Preocupaciones típicas que acompañan a la ansiedad antes de un examen	*Preocupaciones típicas que acompañan a la ansiedad con ocasión de una entrevista de trabajo*
Nunca he sido demasiado bueno en	Necesito absolutamente el trabajo
Si fracaso, ¿qué le digo a mis padres?	Si no consigo que me contraten soy un incapaz
Si no supero la prueba, me pueden suspender	Seguramente harán todo lo posible para ponerme dificultades
Si me dan una nota mala, mis padres quedarán decepcionados	Con la suerte que tengo, me pedirán algo que no sé
El profesor que me examina me tiene manía	Entre las personas que conozco soy el único que no tiene un empleo fijo. Si fracaso todos pensarán que soy un incapaz

Una vez determinadas las bases de sus preocupaciones, lea de nuevo la lista que ha desarrollado y para cada afirmación encuentre otra capaz de contrarrestarla. Por ejemplo:

Preocupación	*Argumentación alternativa*
Necesito absolutamente el trabajo	Me gustaría mucho trabajar para esta compañía; desgraciadamente, no depende sólo de mí. Lo único que puedo hacer es prepararme lo mejor posible. En cualquier caso, si va mal, hay otras soluciones.

• *Reflexione antes de responder*. Es raro que en las entrevistas de trabajo existan pruebas cronometradas. Que responda rápidamente o después de algún segundo no cambia nada. Consideraciones parecidas se pueden hacer también en relación a una prueba escrita (pero en este caso hay que recordar que normalmente se establece un tiempo máximo). Cuando le dan las hojas y se empieza el examen, evite que le coja la angustia de «no saber qué escribir». Nuestro cerebro no es un interruptor de la luz, no podemos pedirle encenderse a voluntad. Una vez que nos han comunicado el tiempo del que disponemos, haga un plan de acción. Analice bien el trabajo que se le pide, tómese el tiempo necesario para aclarar las ideas, y después empiece.

- *No se desmoralice cuando se equivoque*. Equivocarse es humano; si transforma sus imprecisiones en una catástrofe, entrará en un círculo vicioso del cual no conseguirá salir.

- *Contrarreste las preocupaciones*. Cuando sienta que los temores ansiosos invaden su mente, párese y póngalos en discusión vigorosamente.

La rabia

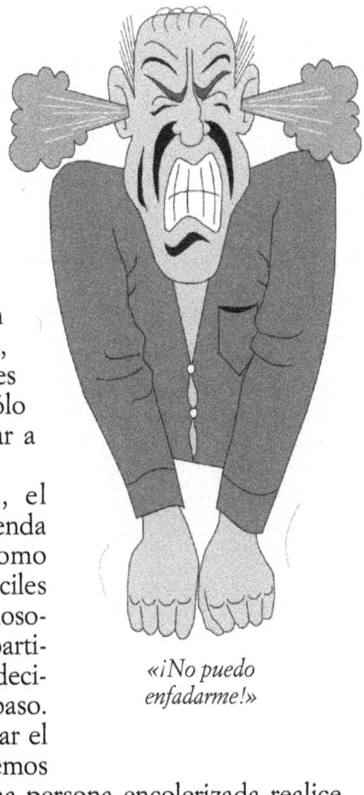

«¡No puedo enfadarme!»

La rabia, como la ansiedad, es una sensación conocida por todos. ¿Cuántas veces la ha oído llamar a la puerta de la consciencia para pedirle paso? ¿Qué ha hecho?

Ciertas personas, empujadas por la idea de que es correcto liberar las propias emociones, responderán: «si alguien me hace enfadar reacciono como me siento en ese momento». Otras personas, en cambio, creen todo lo contrario. Para ellas, la rabia es un sentimiento negativo, que conlleva sólo problemas, y que por tanto hay que evitar a toda costa.

En realidad, como habrá intuido, el problema no puede ser liquidado dando rienda suelta al enfado o reprimiéndolo. Tal como veremos a continuación, estas soluciones fáciles son muy peligrosas para los demás y para nosotros mismos. La rabia es un sentimiento particular. Muchos sólo ven en ella un enemigo decidido a destruir todo lo que encuentra a su paso. Es fácil demostrar esta opinión: basta mirar el televisor u hojear el periódico y nos daremos cuenta de que no pasa un día sin que una persona encolerizada realice algún gesto reprobable. De todas maneras, este punto de vista es parcial. La cólera puede ser, efectivamente, nuestra aliada para afrontar los retos de la vida. Para llegar a este objetivo es necesario aprender a entenderla, eliminar sus manifestaciones negativas y aprovechar su potencialidad. Una manera de empezar este recorrido es respondiendo a preguntas del tipo:

¿qué es la rabia?, ¿cómo se manifiesta? Antes de entrar de lleno en el problema, rellene el siguiente cuestionario; le ayudará a identificar la tendencia que actúa en usted cuando está enfadado. Lea atentamente las afirmaciones y señale aquellas que reflejan su manera habitual de sentirse y de reaccionar en estos casos.

¿CÓMO ACTÚA LA RABIA?

	Cuando me enfado
♣	Digo cosas de las cuales podría arrepentirme
♦	Tomo buena nota de «los daños recibidos»
♥	Consigo no perder de vista el problema
♥	Consigo ver las cosas en perspectiva
♣	Pierdo la paciencia
♠	La procesión va por dentro
♣	La gente se da cuenta
♦	Consigo controlarme, pero no pierdo la ocasión de tomarme mis satisfacciones
♥	Consigo entender mis sentimientos
♠	Intento no discutir, pero quisiera hacerlo
♠	Tiendo a echarme las culpas encima
♥	Consigo expresar mi punto de vista sin ponerme demasiado nervioso
♦	Me vuelvo crítico
♦	Quedo aparentemente tranquilo, pero en realidad estoy meditando venganza
♣	Salto directamente a la garganta
♦	Utilizo el sarcasmo para ridiculizar a los demás
♥	Soy capaz de reconocer si las condiciones son buenas para una discusión constructiva o si es mejor dejarlo para otra vez
♠	Intento disimular, como si nada hubiera sucedido
♣	Me siento empujado a reaccionar de cualquier manera
♥	Afronto la situación sin adoptar actitudes negativas
♠	Minimizo el problema
♣	Me hago intolerante
♦	Me olvido de hacer las cosas importantes
♠	Me digo a mí mismo: «nada hombre, no pasa nada»

Cálculo de la puntuación	Número de ♣	Número de ♥ ....
	Número de ♦	Número de ♠ ....

Mayoría de ♣
Su naturaleza le lleva a expresar abiertamente la cólera. Si alguien le fastidia, si no se le respetan los derechos o si una situación no le gusta, le entran inmediatamente ganas de luchar. Quizá tenga buenas razones para enfadarse, pero no hasta ese punto. En su caso, efectivamente, el problema principal consiste en la dificultad de frenar la cólera y sus manifestaciones. Controle su rabia antes de que ella le controle a usted.

Mayoría de ♦
Tiene una manera muy particular de manejar la cólera. Más que enfadarse y dar rienda suelta a su estado de ánimo, prefiere utilizar una táctica muy refinada: en las situaciones de tensión consigue evitar reacciones impulsivas y se mantiene calmado e indiferente. De todas maneras, esta tranquilidad es sólo aparente; apenas le sea posible, intentará golpear, con la sonrisa en los labios, a la persona que le ha ofendido. Las estrategias que le gustan son muy elaboradas, sutiles y afiladas, atacando el objetivo en profundidad y sin apelación. Pero los costes pueden ser muy elevados. No es nada constructivo almacenar rencor hacia alguien, ya que eso no ayuda a resolver el problema. Las venganzas, sobre todo aquellas que dan en el blanco, no hacen más que generar otras venganzas, complicando así la situación.

Mayoría de ♥
Tiende a afrontar las situaciones emotivamente «caldeadas» sin perder de vista el problema. No le gusta luchar para defenderse, pero tampoco le gusta retirarse si alguien le molesta. Cuando está enfadado, consigue expresarse sin recurrir a las amenazas y otros medios ofensivos y esto le hace fuerte. Está en el buen camino, no lo pierda; trabaje sobre sus potencialidades y refuerce los puntos débiles.

Mayoría de ♠
No es una persona combativa. Probablemente alguna vez ha levantado la voz, pero esta no es su tendencia dominante. Delante de la rabia, la solución que prefiere es la negación o la reducción a los mínimos términos. Así, por ejemplo, cuando se siente irritado o fastidiado por una situación, tiende a reprimir sus sentimientos. De todas maneras, esta manera de administrar la cólera es muy peligrosa, no sólo porque induce en los demás un sentimiento de superioridad hacia usted, sino porque la rabia reprimida al final emerge de la peor manera posible.

Qué es la rabia

Numerosos autores han intentado enumerar las emociones básicas, es decir, comunes a todos los seres humanos.

Aunque sobre este punto no existe un acuerdo completo, la rabia figura casi siempre en los primeros lugares. Esto nos permite hacer una primera consideración: se trata de *una emoción fundamental*.

Esto significa que cada persona posee la capacidad de sentir cólera. En otras palabras, *la rabia forma parte de nuestra vida*.

Toda emoción influye sobre el cuerpo y sobre la mente; ni siquiera la cólera escapa a esta regla general.

De hecho, no es raro encontrarla en la base de acciones violentas o desconsideradas: *puede inducir* en las personas a *comportamientos peligrosos* para ellos y para los demás.

A veces, el comportamiento colérico y agresivo es el resultado del ambiente en el cual se ha formado nuestra personalidad. Para algunas personas es natural que en ciertas circunstancias se deba recurrir a la violencia; han observado que tal estrategia funciona y consecuentemente reaccionan de manera impulsiva y colérica cada vez que lo creen oportuno.

En esta situación es necesario comprender que, a pesar de que la rabia forma parte de nuestra emotividad, el comportamiento impulsivo, colérico y agresivo es una costumbre que se puede modificar.

Cómo se manifiesta

Como cualquier otra emoción, la rabia se presenta a través de múltiples reacciones:

- físicas;
- mentales;
- emocionales;
- de comportamiento.

Las reacciones físicas

Las reacciones físicas que acompañan a la rabia tienen su raíz en la reacción de «ataque o fuga» descrita a propósito de la ansiedad.

«Escogí dar rienda suelta a la rabia»

Cuando estamos encolerizados el corazón empieza a latir más rápidamente, la respiración se hace irregular, el tono muscular aumenta, las pupilas se dilatan, la sangre fluye abundantemente hacia los músculos y nuestro organismo produce sustancias químicas que nos proporcionan la energía necesaria para una acción de emergencia.

Como afirma Daniel Goleman, esta situación de tensión puede durar muchas horas, incluso días, haciendo al individuo vulnerable a ulteriores tensiones emotivas.

En otras palabras, si ya estamos nerviosos, y por tanto nuestro cuerpo está preparado para «saltar», una chispa, aunque sea insignificante, bastará para determinar una crisis de ira.

Las reacciones mentales

Cuando la rabia se abre camino hasta la consciencia, nuestra manera de razonar se modifica y adopta diferentes direcciones. Veamos las más características.

• *Interpretar equivocadamente los comportamientos de los demás.* Con frecuencia la rabia nos lleva por malos caminos; bajo su influjo tendemos a juzgar negativamente incluso los comportamientos amigables o neutrales. Obviamente, mucho depende del grado de cólera. Por ejemplo, si estamos muy nerviosos, incluso una pequeña broma inocente de nuestro mejor amigo puede ser considerada como una provocación.

• *Activar un pensamiento on-off.* La rabia elimina la elasticidad de nuestro pensamiento. Cuanto más alto es su nivel, mayor es la tendencia a ver sólo dos alternativas a los problemas: correcto-equivocado, ganador-vencedor y otros casos parecidos. Los pensamientos típicos de esta manera de razonar son, entre otros: «Se hace como digo yo, o no se hace nada», «Tengo razón absoluta, o me he equivocado en todo», «O gano o pierdo». Una de las consecuencias más desagradables del razonamiento *on-off* es perder de vista los problemas principales. Efectivamente, cuanto más enfadada está una perso-

¿Quién ganará?

na, tanto más su interés se dirige a obtener justicia, a vengarse o a vencer. En primer plano se coloca el orgullo herido, la dignidad, las necesidades no reconocidas, mientras que el resto no se considera.

• *Considerar a los otros como oponentes*. Las personas predispuestas a enfadarse tienden a ver adversarios y enemigos en cada esquina. De esta manera no se dan cuenta de que su capacidad de colaboración se reduce sensiblemente y que alrededor de ellos se crea un vacío que con el paso del tiempo se transforma en abismo.

• *«Destruir»*. Con frecuencia, cuando nos enfadamos, usamos nuestra inteligencia para destruir a la persona o la situación que consideramos responsable de nuestro estado de ánimo. Es lo que sucede, por ejemplo, cuando dos personas discuten; en este caso, efectivamente, cada una de ellas utilizará las propias capacidades, no para resolver el problema, sino para demostrar a la otra que su razonamiento está equivocado, que no ha entendido nada.

Intente fiarse de su experiencia, intente describir su manera típica de razonar cuando está enfadado y descríbalo a continuación.

....

....

....

....

Las reacciones emocionales

Veamos ahora cuáles son las sensaciones que las personas experimentan cuando están enfadadas:

- sensación de haber sido heridos en el orgullo;
- inquietud, tensión;
- deseo de venganza;
- sensación de no ser tenidos en consideración;
- sentimientos de rebelión;
- sensación de no tener ningún poder;
- impresión de estar a punto de «explotar»;
- sensación de que les están «tomando el pelo».

Las reacciones de comportamiento

Muchos de nosotros estamos acostumbrados a pensar que las habituales reacciones de cólera son de tipo impulsivo: golpear con los puños encima de la mesa, poner una mirada amenazadora, etc. De todas maneras, la rabia puede expresarse de muchas formas, a veces difíciles de reconocer.

En las tablas que vienen a continuación se han indicado los comportamientos y las modalidades comunicativas habitualmente usadas por las personas que están enfadadas, resentidas o agresivas. Examínelas con atención.

A veces, la rabia se expresa con mucha claridad

Comportamientos directos	Comportamientos disimulados
Golpear los puños sobre la mesa Romper un objeto Apretar los puños Adoptar una postura rígida Mirar con ojos amenazadores Hacer gestos violentos	Olvidarse de hacer un encargo importante Ingeniárselas para que un proyecto fracase (aunque verbalmente se esté de acuerdo) No ofrecer la propia colaboración cuando es posible («Lo siento, pero estoy muy ocupado») Aislarse Simular incapacidad («Lo haría con mucho gusto pero no es mi especialidad») Adoptar comportamientos que molesten a los demás

Estilos directos de comunicación	*Estilos de comunicación disimulada*
• Insultar «Eres un estúpido» «¡Patoso!» «¡Avergüénzate!»	• Ridiculizar «Pero qué "hermosa" camisa que llevas, me parece...» «Efectivamente, podríamos seguir su consejo, si consiguiéramos entenderlo»
• Culpar «Me haces volver loco» «Si no hubiera sido por su incompetencia...»	• Explicar chismes «¿Has visto el novio de nuestra compañera? Será posible que...» «¿Te cuento lo que vi el otro día?»
• Hacerse el enterado «Te he dicho que te estás equivocando porque...» «Ahora te lo explico por última vez...» «Tu idea es absurda...»	• Racionalizar «No, no estoy enfadado, sólo que me fastidió su comportamiento»
• Criticar «¿Y a esto lo llamas colaboración?» «¿Cómo se te ocurre decir que eres cuidadoso?» «¿Y a esto tienes el valor de llamarlo comida?»	• Infravalorar de manera elegante «Las personas que salen de esa universidad son incompetentes. Ciertamente no me refiero a ti» «No viviría nunca en su edificio, usted ha tenido suerte porque tiene vecinos educados pero...»
• Amenazar «Nos volveremos a encontrar...» «¡Hablaremos más tarde!» «Te arrepentirás amargamente»	• Hacer comparaciones «Sabe, me parece el personaje de una serie de dibujos animados» «Te pareces a uno de los siete enanitos»

Ahora le resultará mucho más fácil entender cuáles son las preguntas fundamentales que hay que plantearse para descubrir si la rabia nos complica la vida:

- ¿Me enfado con frecuencia? ¿Normalmente estoy de malhumor?
- Cuando estoy enfadado, ¿pierdo los estribos?
- ¿Me cuesta digerir la cólera? ¿Pasa mucho tiempo antes de que vuelva a sonreír?
- ¿A causa de mi cólera he perdido amistades?
- Cuando estoy enfadado, ¿mi jornada es un calvario?

Si ha respondido «Sí» por lo menos a una de las preguntas, probablemente la rabia que experimenta le crea problemas para afrontar las dificultades de la vida. Por lo tanto veamos juntos algunas estrategias que pueden ser útiles para manejar su cólera.

Los beneficios del control

Con este título no queremos sugerir la idea de que sea necesario tragar, reprimir o eliminar una determinada emoción. El objetivo es más bien llegar al dominio de sí, es decir, a la capacidad de percibir la propia cólera, pero evitando convertirse en su víctima.

El control de la rabia es fundamental porque:

- permite encontrar una solución adecuada a los problemas que vivimos;
- refuerza la autoestima;
- no hace perder de vista los objetivos y los fines que se persiguen;
- ayuda a expresar el propio punto de vista.

El control de la rabia puede llevarnos a resultados inesperados

¿Se le ocurren otros beneficios?

Haga con ellos una lista a continuación:

....

....

....

....

....

Las causas

Para aprender a manejar la rabia de manera eficaz y superar la tendencia a reaccionar negativamente, es necesario conseguir entender cuáles son las situaciones que nos hacen enfadar. He aquí algunos «interruptores» de la rabia:

• *Ser tratados de manera injusta*. Por ejemplo: no recibir ningún reconocimiento por el trabajo realizado; no ser interpelados en las decisiones en las que se está implicado.

• *Equivocar un objetivo*. Por ejemplo: no conseguir hacer ningún progreso en la profesión a pesar del empeño dedicado en el trabajo.

• *Detentar escaso poder*. En este caso la reacción de cólera deriva de la sensación de no poder hacer nada para cambiar la situación.

• *Sentirse heridos en lo más íntimo*. Por ejemplo: saber que una persona de confianza ha hablado mal de nosotros; ser evaluados negativamente por el trabajo realizado; oírse llamar estúpido.

Obviamente existen muchas otras situaciones que nos hacen enfadar. Intente hacer una lista de todos los pequeños fastidios cotidianos que tienen el poder de irritarle (por ejemplo, el tráfico a la hora punta, la falta de educación de un inquilino, etc.).

....

....

....

Las estrategias para no enfadarse

Veamos qué caminos se pueden recorrer para aprender a controlar la cólera:

- aceptar la propia rabia;
- distinguir entre rabia positiva y rabia negativa;
- activar comportamientos que nos sean útiles;
- intervenir a tiempo;
- practicar una actividad física;
- ejercitarse con la relajación;
- usar la rabia cuando pueda ser eficaz;
- considerar otros puntos de vista;
- transformar los pensamientos negativos en positivos.

Aceptar la propia rabia

El primer paso que hay que efectuar para aprender a evitar el juego que nos impone la cólera es aceptarla y reconocerla. Adopte las siguientes opiniones:

- No es verdad que sentir rabia sea un comportamiento negativo.
- Negar la propia cólera da lugar a resultados nocivos.
- La rabia es una emoción común a todo el género humano. El hecho de enfadarse no nos hace necesariamente malos.

Ser conscientes de las emociones que se presentan a nuestra mente es una capacidad fundamental para desarrollar un buen dominio de uno mismo. Pruebe a formularse algunas preguntas:

- ¿Cuáles son las circunstancias que me hacen enfadar?
- ¿Cuáles son los interruptores que desencadenan mi cólera?
- ¿Qué sucede cuando estoy enfadado?

Distinguir entre rabia positiva y negativa

Llegados a este punto queda claro que no es la rabia en sí misma la que es negativa. Todo depende de lo que sucede cuando experimentamos tal estado de ánimo: si la rabia conduce a comportamientos violentos, impulsivos o peligrosos para nosotros o para los demás, entonces podemos decir que es negativa. Además, es importante recordar que en algunos casos la rabia es un sentimiento absolutamente inútil, que nos complica la vida. Por ejemplo: ¿de qué sirve enfadarse por estar soportando algún kilómetro de cola en la autopista? ¡De nada! ¿Qué utilidad tiene entrar en cólera porque una persona se ha puesto enferma y no nos puede ayudar en el trabajo? ¡Ninguna!

Activar los comportamientos que nos ayudan

Si tiene tendencia a enfadarse fácilmente, si piensa que su cólera es excesiva, negativa e inútil, intente poner en práctica los siguientes consejos:

- *Cuando esté a punto de explotar, si puede, aléjese*. Esta estrategia, simple de aplicar, pero poco utilizada, es muy eficaz para limar la cólera. A pesar de ello, como evidencia Zillman, para obtener resultados positivos es necesario conseguir distraerse. En otras palabras, cuando estamos solos debemos evitar pensar en lo que ha desencadenado nuestra reacción emotiva y entretenernos en algo que tenga el poder de distraernos (por ejemplo: mirar un programa de televisión, leer el periódico, dar un paseo, etc.). Intente hacer una lista de actividades útiles para este fin.

....
....
....
....
....
....
....
....
....

• *Hable con una persona de confianza.* Hablar con los demás puede ser muy útil porque nos ayuda a exteriorizar pensamientos e insatisfacciones. También en este caso es necesario adoptar algunas cautelas. Esta estrategia, efectivamente, será tanto más eficaz cuanto más comprensiva sea la persona que ha escogido para sincerarse; si ésta evita criticarle y hacerse el entendido, podrá ayudarle a usted a ver las cosas desde otro punto de vista.

• *Evite levantar la voz.* En general, durante las discusiones animadas, las personas levantan la voz para subrayar su punto de vista, para hacerse escuchar o para demostrar su fuerza. Pero de esta manera no se dan cuenta de que están iniciando una competición para ver quién grita más, y que el problema queda sin resolver.

• *Evite las opiniones preconcebidas.* Con frecuencia las personas razonan en base a falsas opiniones, que desgraciadamente son difíciles de eliminar. Veamos algunos ejemplos (propuestos por Gary McKay y Don Dinkmeyer).

Cuando esté encolerizado evite levantar la voz

Prejuicios	*Objeciones*
Por naturaleza las personas tienden a comportarse de manera agresiva y colérica. Se demuestra por el hecho de que nuestra historia está llena de guerras.	No es verdad. Las guerras se deben a motivos políticos y económicos. Todos los progresos hechos por el género humano se deben a nuestra capacidad de colaborar con los demás.
Aguantar la rabia es peligroso para la salud	No es totalmente cierto. Numerosos estudios han demostrado que el verdadero problema es la rabia crónica. Se ha visto, efectivamente, que las personas irascibles tienen mayor probabilidad de sufrir enfermedades cardíacas. De todas maneras, esto ocurre independientemente del hecho que una persona reprima o desahogue la propia rabia.
Para liberarse de la rabia es necesario desahogarse	No es totalmente cierto. Cuando se está emocionalmente turbado puede ser muy útil hablar con un amigo o con una persona de confianza. En cualquier caso, difícilmente los brotes de cólera tienen el poder de calmar a las personas. Con frecuencia sucede lo contrario: en efecto, la rabia se prolonga en el tiempo y, cuando la cólera acaba, nos sentimos culpables y sentimos la necesidad de disculparnos.

Intervenir a tiempo

Las crisis de cólera no llegan de golpe, sino que son el resultado de una secuencia de eventos. A partir de una irritación más o menos intensa, nuestra mente empieza a formular pensamientos sobre lo que ha sucedido o está sucediendo. Si en este punto no interviene alguna información que nos haga cambiar de idea, el resentimiento o la irritación continúan creciendo. Cada pensamiento que nos asalta se hace más intenso y alimenta al precedente en una escalada que conduce a la crisis y nos empuja a adoptar actitudes negativas. Pongamos un ejemplo. La señora Marta está conduciendo su coche y se queda parada en la autopista. Esta circunstancia desencadena una serie de pensamientos, con un incremento continuo de la irritación: «¡Pues sólo me faltaba esto! Llegaré tarde a la oficina. ¡Esto sólo puede pasarme a mí, seguro que el jefe encontrará la manera de ironizar acerca de mis retrasos! ¡Ah, si pudiera cambiar de trabajo! ¿Pero qué está haciendo ese automovilista? ¿Qué, quiere tomarme el pelo? ¡Verá lo que pasa si intenta adelantarme!».

Como habrá observado, la señora Marta ha transformado un fastidio, por otra parte muy frecuente durante las horas punta, en una pequeña batalla personal contra un automovilista «pícaro». Ahora está dispuesta a combatir, pero no sabe que tiene todas las de perder.

Para evitar las crisis de cólera es necesario intervenir a tiempo y bloquear la escalada de furor. La eficacia de algunos de los métodos que describimos a continuación depende, de hecho, de la velocidad con que se aplican. Por eso, la probabilidad de que funcionen es muy elevada si se aplican en el momento en que empieza la cólera; cuanto más tarde intervenga, menores serán las probabilidades de que la cólera se enfríe.

Para bloquear la reacción en cadena de la rabia intervenga a tiempo

Practicar una actividad física

Como hemos subrayado más de una vez, el ejercicio físico y la alimentación son fundamentales para reforzar la estabilidad emocional. La fatiga que experimentamos cada día está relacionada sobre todo con el esfuerzo mental que se nos pide para afrontar las innumerables necesidades de la vida. De todas maneras, es un error pensar que exista una fatiga física y una psicológica. El cuerpo y la mente, efectivamente, están en constante comunicación. Cada vez que nos sentimos preocupados o irritados, nuestro organismo libera sustancias químicas que predisponen a la acción.

El ejercicio físico permite restablecer una condición de equilibrio, evitando poner en práctica comportamientos nocivos para nosotros o para los demás.

Ejercitarse con la relajación

Junto a las actividades de relajación propuestas en los capítulos precedentes, en el caso de la rabia puede considerar también el ejercicio siguiente.

EJERCICIOS RESPIRATORIOS DE RELAJACIÓN

1. Encuentre un lugar tranquilo, sin elementos que le puedan distraer.
2. Póngase una ropa que le permita una cierta libertad de movimiento.
3. Siéntese en un sillón cómodo, con el respaldo derecho.
4. Cierre los ojos y haga una respiración lenta y profunda (con la nariz) hasta que sienta que el estómago se hincha.
5. Deje salir el aire por la boca, también imagine que su cólera se aleja de usted junto con el aire.
6. Repita el ejercicio hasta que se sienta más tranquilo.

Aprenda a relajarse

El mismo ejercicio podrá ser utilizado mientras se está en medio de una discusión animada y se tiene la impresión de que la propia cólera está llegando a un nivel excesivo. En ese caso será oportuno empezar desde el punto número 4, evitando cerrar los ojos.

Usar la rabia cuando es útil

Según la psicóloga Carol Tavris, expresar la rabia puede ser eficaz sólo si se satisfacen las cinco condiciones siguientes:

- *Si nos dirigimos a la persona interesada*. En otras palabras, si estamos enfadados con un compañero de trabajo, de nada servirá discutir con el propio cónyuge.

- *Si expresar la ira satisface nuestra necesidad de recibir un tratamiento correcto*. Todo ser humano es una persona de valor y merece respeto y consideración. Por tanto, no hay ningún problema en afirmar los propios derechos.

- *Si nos permite modificar situaciones intolerables* u obtener nueva información. En otras palabras, ¿expresar la rabia nos proporcionará algún beneficio? ¿Nos permitirá obtener aclaraciones?

• *Si conseguimos que nos entiendan*. Este es un punto fundamental, que tiene que ver con nuestra capacidad de comprender a quien tenemos delante. Antes de expresar su rabia, evalúe la persona que tiene delante. Esto le permitirá decidir la actitud comunicativa que hará eficaz la expresión de su idea. Con algunas personas, efectivamente, puede ser útil adoptar una actitud firme y directa. En otros casos será más oportuno ser suaves.

• *Si estamos dispuestos a favorecer la colaboración*. Si considera que expresando la cólera conseguirá hacerse entender e instaurar un diálogo constructivo, aunque sea intenso, entonces ¡adelante! Pero si piensa que las personas que tiene delante no son capaces de colaborar y que sólo están interesadas en vengarse o en imponer el propio punto de vista, conviene entonces escoger otras alternativas.

En definitiva, antes de decidir si es conveniente expresar la cólera, formúlese algunas preguntas:

- ¿Consigo afrontar el problema con la persona interesada?
- ¿Soy capaz de expresar mi rabia de manera que el otro comprenda mi punto de vista?
- Si expreso mi cólera, ¿tengo la posibilidad de cambiar la situación?

ENEMIGA, PERO A VECES AMIGA

La rabia es una buena compañera cuando:

- proporciona la energía necesaria para actuar con mayor determinación;
- avisa que dentro de nosotros hay algo que no funciona (por ejemplo, alguien no respeta nuestras necesidades o nos sentimos tratados injustamente);
- informa a las personas que nos rodean de que su comportamiento no nos complace.

La rabia es mala compañera cuando:

- destroza las relaciones sociales;
- impide resolver las situaciones;
- crea el vacío alrededor de la persona;
- provoca problemas de salud.

- ¿Soy capaz de aceptar el hecho de que la situación pueda presentar aspectos diferentes, de los cuales no tengo ni idea?
- ¿Mi interés principal es colaborar?
- ¿La otra persona es capaz de aceptar mi punto de vista?

Considerar otros puntos de vista

Con frecuencia la rabia es mala consejera. Bajo su influencia, efectivamente, tendemos a pintar de rojo las situaciones y las personas que nos circundan.

Toda nuestra energía mental alimenta pensamientos de venganza y represalia y la única solución que conseguimos contemplar es vencer, humillar y ofender, todo el resto queda en un segundo plano. Hemos visto que, de este modo, no hacemos sino alimentar nuestra cólera y levantar barreras que impiden una resolución positiva del conflicto.

Si nuestro interés consiste en afrontar la rabia de manera constructiva, puede ser útil aprender a contemplar las situaciones desde un ángulo diferente. Por ejemplo, en caso de conflicto con una persona (un compañero de trabajo que no nos saluda, un vecino que nos manda al infierno sin razón aparente, un amigo que nos traiciona, etc.), podemos formularnos una serie de preguntas importantes para comprender los motivos de su reacción:

- ¿Por qué se comporta de esta manera?
- ¿Existen razones que puedan justificar su comportamiento?
- ¿Tienen sus motivos alguna validez?
- ¿Puedo estar seguro de que su comportamiento estaba dirigido hacia mí?

Con esto no queremos sugerir la idea de que siempre debemos encontrar razones para justificar el comportamiento de los demás. Nuestro punto de vista es importante, pero no somos depositarios de la verdad absoluta, y menos cuando estamos alterados.

Una mejor comprensión de la situación suaviza la cólera y nos predispone a afrontar el problema de manera constructiva y con mayor seguridad.

Transformar los pensamientos negativos en positivos

La ira, como cualquier emoción, viene precedida y acompañada por ideas negativas. Si conseguimos pararnos sobre estas ideas y ponerlas en discusión, seremos capaces de administrar las dificultades con más determinación y eficacia.

Veamos cómo hay que proceder.

CÓMO CONTRARRESTAR LOS PENSAMIENTOS NEGATIVOS

1. Describa una situación en la que se haya enfadado.

   ....

2. ¿Cómo ha reaccionado?

   ....

3. Encuentre ahora los pensamientos negativos que han precedido y acompañado la reacción de rabia. Si quiere, puede referirse a algunos pensamientos negativos comunes.
   — ¡No soy estúpido!
   — ¡Quién se cree que es!
   — Nadie puede decirme lo que debo hacer
   — ¡Siempre me sale todo mal!
   — Las cosas hay que hacerlas a mi manera
   — Tengo mala suerte
   — La vida ha sido injusta conmigo
   — ....
   — ....

4. Intente poner en discusión los pensamientos negativos. Para hacerlo, puede utilizar algunas frases:
   — ¿Estos pensamientos me ayudan a resolver el problema?
   — ¿Estoy seguro de que el comportamiento de las otras personas está dirigido a mí?
   — ¿Son objetivos mis pensamientos?
   — ¿Es posible que esta situación me cause verdaderos daños psicológicos?
   — ....
   — ....

5. Ahora intente sustituir los pensamientos negativos por los pensamientos positivos:
   — Aunque algo va mal, no dejo de ser una persona de valor
   — Poco puedo hacer para contrarrestar la insensatez de una persona, en cambio puedo hacer mucho por mi rabia
   — Puedo mantenerme calmado
   — Aunque sea difícil, puedo resolver el problema
   — ....
   — ....

6. Ahora intente pensar una manera alternativa de afrontar la situación cuando esta se le presente de nuevo.

   ....
   ....
   ....
   ....

Los prepotentes no ganan

Leyendo los consejos y las estrategias presentadas en las páginas precedentes quizás alguien se habrá dicho: «¡Es absurdo! No puede funcionar. ¡De esta manera ganan siempre los prepotentes!». No, no es esa nuestra intención. En la gestión de la rabia, el objetivo primordial consiste en evitar asumir comportamientos y actitudes que no conllevan beneficios. Efectivamente, la ira no presenta alternativas: o la controlamos o nos controla. Cuando domina sobre nuestro pensamiento y se transforma en furia y deseo de venganza, sin saberlo, perdemos en dos frentes: el problema no se resuelve y, lo que todavía es más grave, nos demostramos a nosotros mismos nuestra incapacidad para administrar las emociones. En realidad, algunas personas tienen dificultad en aplicar incluso el más simple de los consejos, porque aceptan alguno de los siguientes prejuicios.

Prejuicios	*Objeciones*
Con ciertas personas la violencia es necesaria	Normalmente es verdad lo contrario. La violencia genera más violencia. Cada vez que se recurre a métodos «fuertes» para obtener algo, aunque tengamos razón, no hacemos más que demostrar a nuestro oponente la importancia del poder. Apenas él se sienta más fuerte volverá al ataque
No hay otra solución	La violencia es la única solución, por ejemplo, cuando nos jugamos la integridad personal. Pero con frecuencia es posible encontrar soluciones alternativas. Lo importante es ver hasta qué punto estamos dispuestos a abandonar nuestros deseos de venganza para adoptar una actitud constructiva
Soy impulsivo por naturaleza	No es verdad. La rabia es una emoción natural, pero el comportamiento colérico y agresivo es el resultado de un proceso de aprendizaje. Podemos aprender a expresar nuestra cólera de manera más productiva. Al principio no será fácil, pero con el tiempo conseguiremos cambiar. Si es usted una persona impulsiva y no sabe qué hacer, pregunte a las personas que le conocen si se encuentran siempre bien con usted
Si no respondo a las provocaciones soy un villano	El problema está mal formulado. Es correcto defender los propios derechos: quien no lo hace corre el riesgo de ser tratado como una alfombra. De todas maneras, para llegar a este fin podremos recorrer caminos diferentes y más saludables
Si la rabia te hace volver loco, hay que ensañarse con el culpable	No es verdad. Los demás pueden ser maleducados, lunáticos, incivilizados, prepotentes. En cualquier caso, la cólera es nuestra. En otras palabras, ninguno tiene el poder de hacernos enfadar, somos nosotros quienes escogemos reaccionar de una cierta manera ante de una determinada situación

Las personas irascibles

Hasta ahora hemos considerado cómo manejar la rabia que aparece en determinadas situaciones, extremas o particulares. Pero no es raro encontrarse delante de personas claramente difíciles de tratar, porque están acostumbradas a desahogar siempre y de cualquier manera sobre los demás la propia cólera, a hacer el doble juego, a actuar de manera indirecta y arrogante, y a no respetar los derechos de los demás.

En este caso resulta más problemático manejar la rabia que estos individuos suscitan. Claramente, evitaríamos con placer enfrentarnos a tales individuos, pero desgraciadamente no siempre es posible.

Delante de una persona difícil es sin duda fatigoso decirse a sí mismo que es mejor estar tranquilo. De todas maneras, sabemos que de esta manera obtendremos mayores posibilidades de afrontar con eficacia las situaciones negativas. Desde luego, si conseguimos mantener la calma y adoptar un tono de voz pausado, pero decidido y resuelto, venceremos dos «batallas». En primer lugar, demostraremos a la otra persona que, a pesar de su comportamiento y de sus palabras, tenemos las ideas claras acerca de cuáles son nuestros derechos, y que no tenemos ninguna intención de renunciar a ellos. En segundo lugar, nos demostraremos nuestra fuerza de carácter y nuestra capacidad de afrontar las situaciones problemáticas.

A nadie le gusta convivir con personas «explosivas», pero con frecuencia estamos obligados a establecer relaciones con ellos. Este es, por ejemplo, el caso de quien trabaja con compañeros o jefes fácilmente irritables. Aunque no nos guste, estamos obligados a «colaborar» con ellos. En estas situaciones es importante evitar que su actitud colérica y agresiva nos dañe.

Cuando tenga que relacionarse con sujetos coléricos, puede seguir las siguientes indicaciones:

- *No se crea la causa de la rabia ajena.* Cada uno es responsable de los propios sentimientos.
- *No considere el comportamiento ajeno como una ofensa personal.* Normalmente la gente maleducada o poco respetuosa de los demás no se da cuenta de lo irritante que es su manera de actuar.
- *No se organice «para la guerra».* Si cree que acabará peleando, puede

Evite ponerse en pie de guerra tan rápidamente

Las barreras que obstaculizan el diálogo	*Los mensajes corporales que obstaculizan la discusión*
• Hacer de «psicólogo aficionado» «Me parece que para afrontar ciertos problemas no será fácil...» «Estás muy rígido» • Hacerse el moralista «Venga, no te enfades» «De esta manera haces daño a los demás» • Utilizar frases del tipo «Sí, pero...» «Si es así, entonces...» • Interrumpir a los demás cuando hablan «Espera un momento» «¿Pero qué estás diciendo?» • Hacerse el historiador «¿Te acuerdas de la última vez que actuamos a su manera?» «El otro día sostenías una tesis diferente» • Hacerse el pedante «No es exactamente como estás diciendo» «Te has olvidado de que...»	Tener los brazos cruzados Hacer signos de desacuerdo con la cabeza Aclararse la garganta Mirar alrededor Morderse los labios Hacer sonrisas sarcásticas Hablar con un vecino mientras otra persona nos está hablando Garabatear en una hoja de papel Mantener una posición rígida Quedarse de pie Ponerse las manos en los bolsillos Buscar algún objeto mientras alguien nos está hablando Juguetear con los dedos Inclinarse hacia la persona que habla mirándola directamente a los ojos

estar seguro de que sucederá. En general, este tipo de expectativas acaban siendo reales.

• *No puede gustar a todos*. Su valor personal no tiene nada que ver con el comportamiento que una persona asume delante suyo. Por otra parte, usted también tienen sus simpatías y antipatías.

• *Focalice el problema*. Esto es cierto sobre todo si está en medio de una discusión durante la cual es importante tener presente la cuestión.

• *Considere el punto de vista de su interlocutor*. Si es necesario, pida aclaraciones. Por ejemplo: «¿Me podrías explicar por qué?».

• *Demuestre haber comprendido su punto de vista*. Por ejemplo: «Si no he entendido mal, para ti es muy importante...».

• *Hable de manera simple y directa*. Demuestre claramente que lo que está diciendo es su punto de vista personal. Por ejemplo: «Yo creo que...».

• *Invite a la otra persona a la colaboración*. Por ejemplo: «¿Hay alguna manera en la cual podamos resolver el problema teniendo en cuenta los respectivos puntos de vista?».

• *No acepte pasivamente soluciones con las que no esté de acuerdo*. Si no puede evitar adaptarse a una cierta situación (por ejemplo, un superior le impone un procedimiento nuevo), por lo menos comunique a su interlocutor que no está de acuerdo con su punto de vista, aunque intentará adecuarse.

• *No obstaculice el diálogo*. Evite adoptar comportamientos con modalidades comunicativas que complican el intercambio de ideas e informaciones (véase tabla en la página 131).

Ciertamente, no es fácil manejar la cólera, pero es un reto que debemos aceptar y ganar; y como seguramente ya ha entendido, eso sólo nos puede acarrear beneficios. Al principio será difícil, pero el empeño y la experiencia le llevarán por el camino correcto. Se trata sólo de decidir lo que se quiere hacer. ¡Usted debe elegir!

La confianza en uno mismo

Aparentemente, este capítulo tiene poco que ver con los argumentos tratados hasta ahora. En efecto, alguien podría preguntarse qué tiene que ver la confianza en uno mismo con el estrés, la ansiedad y la rabia. Nutrir la confianza en uno mismo es, en cambio, un ingrediente fundamental para el bienestar individual. Quien está bien consigo mismo tiene menos posibilidades de quedarse inhibido ante circunstancias desagradables o por estados de ánimo negativos. Su fuerza interior, la confianza en sus capacidades le permitirán gestionar, de la mejor de las maneras, los desafíos de la vida.

Veamos, pues, qué significa tener una buena autoestima y cuáles son las acciones que podemos emprender para cultivarla. Pero antes es necesario aclarar el concepto de *autoestima*.

¿Qué es la autoestima?

Este término indica el valor que una persona se atribuye a sí misma. En su origen está la convicción de ser más o menos capaz, importante y digna de consideración. Las personas con una buena autoestima son confiadas, reconocen los propios límites y saben imponerse objetivos realistas, aunque sean ambiciosos. Ante las críticas y los fracasos no se dejan abatir y continúan pensando que, a pesar de que algo no ha funcionado del todo bien, son personas valiosas. Otro aspecto que caracteriza a las personas con una adecuada autoestima es su capacidad de mantenerse independientes del consenso de los demás. En otras palabras, no renuncian a sus propios puntos de vista sólo para gustar a alguien; tienen el coraje de expresar su propio pensamiento aunque corran el riesgo de ser criticadas. Las personas que tienen escasa consideración de ellas mismas son, por el contrario, desconfiadas y dudan de su valor y capacidad para afrontar los retos de la vida. Frecuentemente, se fijan objetivos exagerados, difíciles de realizar, y son vulnerables a las críticas y las opiniones ajenas.

Características de las personas con elevada autoestima	*Características de las personas con poca autoestima*
Están abiertas a las novedades	Temen lo que no conocen
Se aprecian a sí mismas, incluyendo sus lados negativos	Tienen una idea negativa de sí mismas
Son conscientes de los propios límites	Con frecuencia se fijan límites exagerados
Aprenden de los errores	Cuando se equivocan tienden a considerarse unas fracasadas
Tienen confianza en sus capacidades	No tienen confianza en sus recursos
Saben apreciar los aspectos positivos, incluso en las situaciones negativas	Se desaniman fácilmente
Saben aceptar las críticas	Son críticas con los demás
Son capaces de afirmar sus propios puntos de vista, sin miedo a las críticas	Son muy sensibles a las opiniones que los otros tienen de ellas
Saben reconocer los propios éxitos	Tienden a minimizar los propios éxitos

Cómo alimentar la autoestima

Para aumentar la consideración que tiene usted de sí mismo intente realizar este ejercicio:

A. Haga una lista de sus defectos (ocho, por lo menos)	B. Haga una lista de sus cualidades (ocho, por lo menos)
1.	1. ....
2.	2. ....
3.	3. ....
4.	4. ....
5.	5. ....
6.	6. ....
7.	7. ....
8.	8. ....

¿Cuánto tiempo ha empleado? ¿Ha pedido ayuda a alguien? En general, nos cuesta poco encontrar los propios defectos y nuestros puntos débiles. Lo contrario sucede cuando se nos pide hacer una lista de nuestras cualidades y capacidades; muchas personas encuentran difícil esta tarea y en algunos casos necesitan ayuda («Perdona, María, ¿cuáles crees que son mis cualidades?»). ¿Cómo se explica este fenómeno? Es muy sencillo. En nuestra cultura estamos acostumbrados a perder contacto con los recursos internos y a focalizarnos en los fallos y defectos. Efectivamente, vivimos con la contraseña del pesimismo, de la insatisfacción, en constante lucha con los otros para demostrar ser los mejores. Alimentar la autoestima significa, por lo tanto, tomar contacto con los propios recursos internos, con las capacidades, reconocerlas y alimentarlas con el fin de afrontar con mayor coraje los retos de la vida. No se trata, ciertamente, de una operación simple; es probable que sea una tarea fatigosa, pero puede estar seguro de que al final será recompensado. En este capítulo desarrollaremos algunas consideraciones que podrá utilizar para aumentar su autoestima. ¡Buen trabajo!

La autoestima implica también quererse uno mismo

COMPRUEBE SU AUTOESTIMA	Nunca	A veces	Con frecuencia	Siempre
Cuando puedo, me gusta quedarme solo	1	2	3	4
Necesito demostrar a los otros mi valor	1	2	3	4
Cuando estoy con los demás consigo ser amigable y alegre	1	2	3	4
Admito fácilmente haberme equivocado	1	2	3	4
Me gustan las novedades	1	2	3	4
Escucho con interés a los demás	1	2	3	4
Me abro a los demás	1	2	3	4
Asumo la responsabilidad de mis errores	1	2	3	4
Si no consigo desarrollar una determinada operación, pido ayuda	1	2	3	4
Cuando estoy en compañía, tiendo a no exhibirme	1	2	3	4
Me gusta enfrentarme a otras personas	1	2	3	4
Las críticas no me hieren	1	2	3	4
Total				

Si ha obtenido una puntuación inferior a 27, probablemente deberá emplearse a fondo en mejorar la estima que tiene de usted mismo.
En cualquier caso, hágalo paso a paso, aprendiendo a reconocer cada uno de sus éxitos.

Dialogar con uno mismo

El primer método con el cual podemos empezar a cuidarnos a nosotros mismos y aumentar la propia autoestima consiste en prestar atención a la manera habitual con la cual «nos hablamos». En otras palabras, se trata de dejar espacio en nuestros pensamientos a algunas frases de autoafirmación.

Cuando se encuentre solo, mientras conduce, cuando pasee, antes de dormirse, repita en voz baja frases como las siguientes (después podrá encontrar usted mismo frases alternativas):

- «Puedo cometer errores, pero esto no significa que no valgo nada.»
- «Estoy contento de mí mismo.»
- «Puedo correr riesgos.»
- «Puedo superar los obstáculos que se me ponen delante.»
- «Esta es la situación en la que me encuentro, conseguiré extraer de ella alguna lección importante.»
- «Si bien se trata de una situación difícil, puedo conseguirlo.»
- «Soy una persona valiosa.»

....
....
....
....
....
....
....
....
....
....
....

Escoger los amigos

No podemos, ciertamente, escoger a nuestros padres, a los vecinos o a nuestros compañeros de trabajo. Pero podemos escoger a nuestros amigos. Los amigos pueden ser una fuente de soporte emocional. Diversos estudios han demostrado que el aislamiento social, es decir, la sensación de no poder contar con relaciones íntimas y confidenciales, influye notablemente en el estado de salud. Esto no significa que para estar satisfechos de la propia vida sea necesario vivir en medio de una multitud. No es importante el número de personas conocidas, ni la frecuencia con la que se transcurren las noches fuera de casa junto a ellos; más que la cantidad es necesaria la calidad. Ciertas personas, efectivamente, aunque tienen una agenda bien nutrida, no tienen ningún amigo verdadero con el cual compartir confidencias.

LOS AMIGOS QUE AUMENTAN LA AUTOESTIMA

- ✓ Saben escuchar.
- ✓ Evitan proponer soluciones apresuradas. Por ejemplo: «Tienes que darte prisa porque...».
- ✓ No se dejan apoderar por el «síndrome del juez». Por ejemplo: «Te has equivocado, tenías que decirle...».
- ✓ Evitan comparaciones.
- ✓ No se proponen como modelos a seguir.
- ✓ Ayudan a esclarecer los entresijos de un problema.
- ✓ Muestran empatía, es decir, saben ponerse en su lugar.

¿Alguno de sus amigos posee las citadas cualidades? Si es así, debe usted pasar más tiempo con esa o esas personas. Si, por el contrario, sus amigos no pierden la ocasión de demostrarle su talento, sus éxitos en la vida, sus habilidades, quizá debería preguntarse de qué le sirve mantener una relación de amistad con ellos.

Animarse uno mismo

Otra manera de aumentar la propia autoestima es animarse uno mismo. Esto no significa repetirse continuamente «bravo», «felicidades», «eres el mejor». Animarse uno mismo significa aprender a no hacer depender el propio valor de los juicios de los demás. En otras palabras, quiere decir ser capaces de evaluar de manera autónoma las acciones, las decisiones y el comportamiento propios.

LAS PERSONAS QUE SABEN ANIMARSE A SÍ MISMAS

- ✓ Reconocen las propias capacidades y no pierden nunca el contacto con estas.
- ✓ Aceptan los propios límites y defectos.
- ✓ Se sienten responsables de su vida.
- ✓ Creen que lo que les sucede es una consecuencia de las decisiones tomadas.
- ✓ Son capaces de encontrar las oportunidades y las alternativas, no sólo los obstáculos y los impedimentos.
- ✓ Dan el justo valor a lo que hacen.
- ✓ Para detectar las mejorías personales, consiguen confrontar sus resultados actuales con los pasados.
- ✓ Se felicitan a sí mismas cada vez que es posible.

Para animarse es necesario quererse uno mismo. Robert Schuller propone una serie de indicaciones para desarrollar un fuerte sentido de autoestima:

• *Aleje de usted el temor a fracasar*. El miedo a cometer errores con frecuencia nos conduce a no correr ningún riesgo. De esta manera, perdemos la ocasión de probar nuestras capacidades y de descubrir quiénes somos.

• *Encuentre su unicidad*. En otras palabras, evite continuar admirando lo verde que es la hierba del jardín de su vecino y dedique mayor atención a su césped; después de todo, quizá no sea tan feo como cree.

• *Felicítese a usted mismo*. Cada vez que sea posible, reconozca sus éxitos:

— «Hoy me ha ido bastante bien.»
— «He tenido una buena idea.»
— «Aunque ha sido difícil, he sido capaz de sostener mi idea.»

Para desarrollar la capacidad de animarse a usted mismo, puede utilizar también un procedimiento de relajación.

Algunas personas tienen dificultad para practicar este tipo de ejercicio. Si este es su caso no se preocupe, insista.

Felicítese a usted mismo cada vez que pueda

EJERCICIO DE RELAJACIÓN

- Encuentre un lugar tranquilo en el cual no corra el riesgo de ser molestado.
- Siéntese cómodamente en una butaca o diván, mantenga las piernas abiertas y los pies apoyados con naturalidad en el suelo; relaje el cuerpo.
- Inspire profundamente con la nariz, hasta sentir que el estómago se hincha.
- Deje salir el aire por la boca y repita mentalmente la frase «me aprecio».
- A partir de aquí, haga una breve pausa de unos 10 segundos y después repita el ejercicio cinco veces.

La fatiga que encontrará se debe principalmente al hecho de que estamos acostumbrados a considerar el amor por nosotros mismos como un hecho egoísta y, consecuentemente, cada vez que nos «alabamos», nos sentimos culpables y presuntuosos.

Este ejercicio no sirve para aumentar su egoísmo y para alejarse de los demás. Su fin es el de ayudarle a estar bien con usted mismo y a alimentar la autoestima.

Permitirse la equivocación

Muchas personas, sin darse cuenta, dedican su vida a la búsqueda de la perfección. No quieren equivocarse, son excesivamente competitivas y, antes que aceptar que han conseguido metas, se exigen todavía más. Desgraciadamente, no saben que su destino es la desilusión permanente.

En realidad, como subrayan Don Dinkmeyer y Lewis Losoncy, las personas que desean ser perfectas están condenadas a no estar nunca satisfechas de lo que han hecho y de lo que son. Su vida está totalmente dedicada a la demostración de que son personas válidas, importantes e insustituibles. Esta manera de ver la vida las empuja continuamente más allá de sus límites y las hace hipersensibles a las críticas de los demás. En general, las personas orientadas a la búsqueda de la superioridad no consiguen desarrollar relaciones positivas con los demás. Su deseo de prestigio las lleva a estar muy atentas a los errores y a los defectos de las personas que las rodean. Es como si pensaran «si consigo demostrar que los otros son torpes, entonces yo adquiriré más importancia». Con frecuencia olvidan que para ser individuos valiosos no es necesario hacer nada en especial. Todos somos personas de valor, por el simple hecho de ser seres humanos. Aprendamos, por tanto, a reconocer también nuestros límites.

Aquellos que tienen poca confianza en sí mismos tienden a compensar este aspecto de su personalidad cultivando expectativas irreales. De esta manera no se dan cuenta de que están abonando el terreno para el fracaso.

EXPECTATIVAS QUE MINAN LA AUTOESTIMA

- Para aceptarme necesito alcanzar objetivos elevados.
- Los demás tienen que demostrar interés por mis necesidades.
- Puedo obtener lo que deseo.
- Si no consigo lograr los objetivos soy un fracasado.
- Tengo que ser el mejor.

La propia afirmación

Para demostrar coraje en la vida no es necesario pelearse con un león o ser capaces de provocar temor entre las personas que nos circundan. Estas acciones las dejamos para los héroes del tebeo o del cine. El coraje al que nos referimos es el de las personas que consiguen afirmarse a sí mismas y que consideran las dificultades como oportunidades, y no como obstáculos a sus necesidades.

En otras palabras, tener coraje quiere decir ser capaz de correr riesgos. Uno de los mayores peligros consiste en sostener una posición diferente a la de los demás. ¿Cuántas veces no ha expresado completamente su opinión por temor a no obtener la aprobación de los demás? Cada uno de nosotros necesita sentirse estimado por el grupo al cual pertenece. Pero esta necesidad nos puede poner en dificultad algunas veces, sobre todo cuando el grupo en el que nos encontramos nos pide que sostengamos una posición que contrasta con nuestros valores y con las ideas en las que creemos. ¿Qué hace usted en este tipo de situaciones? No es raro acabar aceptando las opiniones ajenas. Para negarse a ello en tales circunstancias probablemente se necesita más coraje que para luchar contra un león.

LAS PERSONAS VALIENTES

- Están atentas a las necesidades ajenas.
- Saben reconocer sus propias necesidades.
- Aceptan los imprevistos.
- Creen en sí mismas.
- Están dispuestas a la confrontación.
- Tienen un buen control de sí mismas.
- Admiten que puedan existir posiciones diferentes en relación a un problema.
- No necesitan sentirse apoyadas en sus decisiones.
- Saben defender su propio punto de vista sin recurrir a la agresividad o a la venganza.

Para desarrollar el coraje es necesario empezar modificando la actitud que tenemos en relación con nosotros mismos. Don Dinkmeyer y Lewis Losoncy proponen algunas ideas:

CO-DRIVER?

Actitud incorrecta	*Actitud correcta*
Creer que no es posible cambiar	Reconocer que, aunque sea difícil modificar la propia actitud, vale la pena emplearse a fondo y correr algún riesgo
Sentirse incapaces de haber cometido un error	Considerar el error como una oportunidad de aprendizaje
Exigir que los demás satisfagan nuestras necesidades	Asumir la responsabilidad de satisfacer las propias necesidades
Ver los obstáculos y los impedimentos	Considerar los inconvenientes como oportunidades y desafíos que afrontar
Considerar que el propio punto de vista es el mejor	Considerar que existen diferentes maneras de ver una situación y que nuestro punto de vista es uno entre muchos
Vivir en el pasado	Vivir en el presente
Considerarse el mejor	Sentirse una persona competente y valiosa, tal como lo son los demás
Sentir la necesidad de mandar a las personas	Sentir el deseo de colaborar
Sentir la necesidad de someterse a la voluntad ajena	Llegar a ser lo que se desea, independientemente del juicio de los demás
Culpar al mundo por las propias fatigas	Asumir la responsabilidad de las propias elecciones
Preocuparse por lo que pueda pasar en el futuro	Ir afrontando día a día los dificultades que se van encontrando

Ser optimistas

Aunque pueda parecer extraño, no es raro que en la vida suceda exactamente lo que esperamos de ella. Las personas optimistas miran con confianza los eventos de la vida. Se esperan lo mejor y con frecuencia lo obtienen. Esto no significa ser desvalidos, estúpidos o ingenuos. Al contrario, el verdadero optimista es capaz de reconocer cuándo una situación no se adapta a sus necesidades y a sus intereses. Pero esto no reduce su entusiasmo en relación con la vida y no le impide pensar que, vayan como vayan las cosas, conseguirá sacar el máximo partido, con la esperanza (con frecuencia la certeza) de que mañana será un día mejor. Diferente es, en cambio, el punto de vista del pesimista. Este, en su condición, observa su propia situación con desconfianza y resignación, esperando eventos negativos y frustrantes. Cuando piensa en el pasado, la atención se dirige casi exclusivamente a todas las ocasiones que ha dejado escapar, a los trenes que ha perdido, a las elecciones «fallidas» que ha efectuado; en su mente con frecuencia resuenan frases del tipo: «si hubiera hecho...», «no debí...», «lástima que...». Y contempla el futuro con el mismo talante: «ya que todo me va mal siempre, ¿por qué deberían cambiar las cosas?».

¿Qué sucede cuando un pesimista se encuentra con una situación favorable? Sencillamente, hará todo lo posible para transformarla en una afortunada situación casual: «ha sido por pura suerte». De esta manera, las personas desconfiadas son capaces de transformar un suceso personal en una excepción que confirma la regla.

Para comprender con mayor profundidad la diferencia que existe entre un pesimista y un optimista, veamos un ejemplo.

María, de 25 años, está empleada desde hace tiempo en una sociedad que se ocupa de la gestión de recursos humanos. El trabajo le gusta, era lo que deseaba, y cuando se presentó la ocasión de hacerlo, no se lo pensó dos veces. Desgraciadamente, la realidad ha demostrado que ese trabajo era diferente de lo que esperaba. La sociedad para la que trabaja, efectivamente, está mal organizada: las directrices no son claras, el jefe nunca está presente y normalmente se trabaja sin programación, resolviendo las cuestiones en el último momento. Además, lo más grave es que no hay nunca una fecha fija para los pagos, a veces entre un sueldo y otro pasan incluso tres meses.

¿Qué le parece la situación en la que se encuentra María? Ciertamente, no es ideal. A nadie le gusta trabajar para una empresa que desatiende los propios intereses y los de sus empleados. De todas maneras, esto no significa que esa experiencia laboral sea completamente negativa. Todo depende de la actitud que María decida asumir. Intente confrontar la modalidad de diálogo interno que dos hipotéticas personas, una optimista y otra pesimista, podrían mantener en una situación parecida.

Actitud pesimista	*Actitud optimista*
«¡Claro, imagínate si podía funcionar!»	«No se trata ciertamente de un buen lugar de trabajo, pero puedo hacer agradable mi actividad»
«Era demasiado bonito para ser verdad»	«Me esperaba algo diferente, pero no siempre se realizan los sueños. De cualquier manera, puedo aprender algo útil incluso en estas condiciones»
«Me he equivocado escogiendo esta profesión»	«No me gusta trabajar en este sitio, pero la profesión que he escogido todavía me gusta»
«Siempre es culpa de mi impulsividad, debería haberme tomado más tiempo para decidir»	«Decidí entre lo que había en aquel momento, y después de todo no me ha ido tan mal»
«Nunca consigo que respeten mis derechos»	«Es difícil hacerse escuchar en este ambiente de trabajo, pero estoy seguro de que encontraré la mejor manera de expresar mi punto de vista»
«Por desgracia no tengo otra opción, estoy obligado a hacer este trabajo»	«De momento no tengo alternativas, por lo tanto intentaré aprovechar al máximo esta experiencia»
«No consigo tomar la decisión de despedirme. ¿Y si después no encuentro otro trabajo?»	«Tengo que dejar este trabajo. Aunque será difícil, estoy convencido de que encontraré otro»
«Siempre he tenido mala suerte»	«Otras veces he sido mucho más afortunado»
«No debí aceptar los consejos de mi amiga»	«Fue idea mía»
«He cometido un error terrible»	«Es cierto que mi elección no ha sido completamente acertada, de todas maneras soy una persona valiosa»

Volviendo al ejemplo, María se encuentra frente a dos alternativas; la primera es empezar a verlo todo negro, considerar el mundo hostil y echarse las culpas. La segunda, por el contrario, consiste en buscar y encontrar el lado positivo de la situación.

¿Qué haría usted en su lugar? ¿Qué ha hecho hasta ahora en situaciones parecidas?

Encontrar puntos de vista alternativos

En general, las personas con una baja consideración de sí mismas tienden a infravalorar su propio poder personal.

Ante una circunstancia negativa tienden a pensar: «no puedo hacer nada». Con esta actitud, inconscientemente, se ponen en el papel de víctimas y abandonan toda esperanza de mejorar la situación. En realidad, tenemos más poder que cuanto estamos dispuestos a reconocer.

¿Recuerda lo que hemos dicho a propósito de las emociones? Ansiedad, rabia, tristeza y cualquier otro estado de ánimo, positivo o negativo, no dependen exclusivamente de la situación en la que nos encontramos; nuestra manera particular de evaluar los eventos determina la emoción que experimentamos. Por ejemplo, si una persona está convencida de que para vivir bien es necesario evitar cualquier fatiga, cada vez que se encuentre delante de una dificultad o de un imprevisto probablemente desarrollará una reacción negativa. Todo depende del significado que atribuyamos a las diferentes situaciones.

Podemos decidir el significado que van a tener los eventos. Es un poder del cual disponemos libremente.

Cada vez que nos sentimos descorazonados, hay que intentar encontrar una perspectiva diferente, positiva, desde la cual observar la situación. Buscando, siempre encontrará una.

Como hemos dicho muchas veces, ser capaces de apreciar los aspectos positivos de una situación no significa ser conformistas o aceptar pasivamente los eventos.

En realidad, quien sabe recoger la oportunidad en cualquier circunstancia de la vida, no hace más que optimizar los beneficios que puede obtener, además de alimentar la propia autoestima.

¿Recuerda el ejemplo de María? Según usted, ¿que beneficio podría obtener quejándose, cumpliendo mal su trabajo, pidiendo la baja? La situación en la cual se encuentra no es nada agradable pero eso no significa que no pueda sacar alguna ventaja. Además, cuando se sienta suficientemente seguro de sus capacidades y habilidades, siempre podrá buscar otro trabajo. En ese caso, la experiencia le servirá para evitar cometer errores parecidos.

Un plan de acción

Las buenas intenciones no bastan, hay que ejercitarse constantemente. Podría resultar bastante útil que controlara sus progresos en la aplicación de los métodos que hemos visto hasta ahora para aumentar la confianza en usted mismo.

Con este propósito puede utilizar las siguientes fichas que determinarán qué método es el más adecuado para usted, y le ayudarán a desarrollar su plan de acción. Como ejemplo examine el plan efectuado por el señor José (véase página 148).

COMPRUEBE SUS PROGRESOS

Para alimentar mi autoestima tengo que	*Muy importante*	*Bastante importante*	*Nada importante*
Cuidar mi diálogo interior			
Escoger con atención mis amigos			
Animarme a mí mismo			
Admitir no ser perfecto			
Cultivar expectativas adecuadas			
Tener el coraje de afirmar mi persona			
Alimentar mi optimismo			
Encontrar puntos de vista nuevos			

MI PLAN DE ACCIÓN

Objetivos	*Método*
....	....
....	....
....	....
....	....
....	....
....	....
....	....
....	....
....	....
....	....
....	....
....	....
....	....
....	....
....	....
....	....
....	....
....	....
....	....
....	....
....	....
....	....
....	....
....	....
....	....
....	....
....	....
....	....
....	....
....	....

Este plan ha sido realizado el día ....

Me propongo examinarlo el día ....

Compruebe sus progresos

Para alimentar mi autoestima tengo que	*Muy importante*	*Bastante importante*	*Nada importante*
Cuidar mi diálogo interior	X		
Escoger con atención mis amigos		X	
Animarme a mí mismo	X		
Admitir no ser perfecto			X
Cultivar expectativas adecuadas			X
Tener el coraje de afirmar mi persona	X		
Alimentar mi optimismo			X
Encontrar puntos de vista nuevos			X

Mi plan de acción

Objetivos	*Método*
Desarrollar un diálogo interior positivo	• *Para desarrollar un diálogo interior positivo* Cada vez que me sorprenda diciéndome a mí mismo cosas negativas, me pararé un momento y empezaré a poner en discusión mis pensamientos: «¿Estoy seguro de que soy un perdedor»; «¿Es verdad que no he obtenido nada de la vida?». Cuando esté solo, empezaré a utilizar frases de autoafirmación personal: «Estoy contento de mí mismo»; «Puedo correr ese riesgo»; «Estoy dispuesto a superar los obstáculos que tengo delante»; «Soy una persona valiosa».
Ser capaz de animarme a mí mismo	• *Para animarme a mí mismo* Evitaré compararme con los demás. Cada vez que haga algo bien hecho, no dudaré en felicitarme. Por ejemplo: «Hoy lo he hecho muy bien». Intentaré mantener un contacto sólido con mis puntos fuertes. Por lo menos dos veces a la semana practicaré un ejercicio de relajación.
Llegar a ser valiente	• *Para llegar a ser valiente* Empezaré por afirmar mis puntos de vista. Daré el valor adecuado a lo que me piden los demás. Correré algunos riesgos. Por ejemplo, me negaré a las solicitudes exageradas de mi compañero, evitaré implicarme en decisiones en las que no estoy de acuerdo.

Conseguir la felicidad

Muchos creen que la psicología es la disciplina que se ocupa principalmente del dolor y del malestar de las personas. Esta opinión es cierta sólo parcialmente. La psicología es efectivamente una ciencia que tiene múltiples intereses y campos de aplicación. Hay sin duda psicólogos que se ocupan de entender y curar a quien sufre, pero hay muchos otros especialistas que estudian y trabajan en las empresas y las escuelas para mejorar las relaciones y la vida de las personas que allí conviven. En definitiva, los psicólogos no se ocupan sólo de las enfermedades mentales. Algunos de ellos, desde hace bastante tiempo, intentan entender quiénes son las personas felices. Durante este capítulo le ofreceremos algunas sugerencias interesantes que le ayudarán a comparar su idea de felicidad y de salud mental con la que resulta de numerosos estudios en este campo.

¿Qué es la felicidad?

Preguntarse qué significa ser feliz puede ser muy peligroso porque el riesgo es llegar al final de la reflexión con las ideas mucho más confusas que al principio. Conscientes del riesgo, intentaremos de todas maneras echar un poco de luz a este argumento.

El primer concepto fundamental que hay que recordar es que *ser feliz es algo muy diferente a no estar enfermo*. En otras palabras, el hecho de no sufrir de ninguna alteración, psicológica o física, no es suficiente para poder afirmar que se es feliz; de la misma manera, para hacer feliz a alguien no basta con quitarle el dolor.

Entonces, ¿qué significa ser feliz? Algunos investigadores han intentado responder a esta pregunta proponiéndola a diversas personas. En general, se obtiene una respuesta muy vaga: felicidad significa «estar bien, estar satisfecho» y otras cosas de este tipo. Indagando más profundamente, se ha descubierto que las personas que declaran ser felices sienten una

profunda satisfacción en relación con la vida. Consideran que la situación en la que viven es muy diferente de la ideal y que, a pesar de todo, han obtenido lo que merecían.

¿Quién es una persona feliz? En términos generales, según las estadísticas y las investigaciones más recientes, el perfil de la persona feliz es el siguiente:

- goza de buena salud;
- está casada, sin hijos o con hijos adultos y autosuficientes;
- mantiene buenas relaciones con su familia de origen;
- está empleada en una buena empresa;
- tiene una vida social intensa;
- tiene muchos intereses personales que van más allá del trabajo.

Intentemos entender mejor los motivos por los cuales estas personas dicen ser felices.

El matrimonio

Como bien puede intuir, estar casado no es por sí mismo garantía de felicidad. Existen efectivamente muchas relaciones conyugales que se basan en el conflicto, la incomprensión y la problemática. En cualquier caso, las personas casadas dicen ser más felices que las divorciadas o viudas.

Los beneficios del matrimonio dependen mucho de la calidad de la relación que se instaura entre cónyuges, y de su capacidad para mantener la intimidad física y psicológica. Si los cónyuges tienen dificultad en comunicar de manera honesta y sincera los propios pensamientos, sentimientos y opiniones, también su intimidad física se resentirá. En muchas parejas, efectivamente, cuando uno de los dos no consigue expresar al otro su propio malhumor, con frecuencia escoge otras vías de comunicación. Aparecen entonces los fatídicos dolores de cabeza y otras enfermedades de tipo psicosomático.

Fundamentalmente las parejas son felices cuando:

- hay una buena convivencia sexual;
- los cónyuges se gratifican recíprocamente;
- existe una buena comunicación;
- los conflictos se resuelven en poco tiempo;
- hay una visión bastante parecida del mundo;
- son tolerantes delante de la diversidad de opinión;
- cada uno tiene una cierta libertad de acción.

¿Y los niños, nos hacen felices? Para una pareja, tener hijos puede ser una experiencia muy agradable. Los niños efectivamente son fuente de amor, dan estímulos positivos y hacer sentir a los padres más adultos y maduros. De todas maneras, los hijos piden una dedicación considerable. Al nacer el primero de ellos, efectivamente, la vida familiar cambia radicalmente. Ser padres impone numerosos cambios: aumento del trabajo doméstico, reducción del tiempo libre, redefinición de los objetivos profesionales, menor intimidad de la pareja. Todo esto es necesario para hacer sentir al niño que es bienvenido. Si los padres no son capaces de hacer frente a los cambios necesarios, se resentirá también la satisfacción de la pareja.

Intimidad física

Intimidad psicológica

La familia de origen

Tener relaciones estables con la propia familia de origen y con los consanguíneos puede ser una fuente de felicidad por muchas razones: cuando las relaciones son buenas, los parientes están disponibles a ocuparse de los niños pequeños, a prestar dinero, a echar una mano para resolver pequeños problemas de todo tipo. Además de la ayuda práctica, los parientes son una fuente de apoyo emocional muy fuerte; esto produce la sensación de poder contar con una relación positiva y duradera.

Las relaciones sociales

De la importancia de las relaciones sociales para el bienestar de las personas ya hemos hablado con un cierto detalle. Sólo queremos añadir que los amigos pueden ser una fuente importante de satisfacción y de felicidad cuando:

- satisfacen la necesidad de sentirse parte de un grupo;
- ofrecen una ayuda concreta (por ejemplo, ayudan en el traslado de vivienda);
- proporcionan una confirmación del propio valor personal;
- consienten compartir experiencias tanto penosas como felices;
- invitan a adquirir costumbres saludables (por ejemplo, la práctica de un deporte).

El tiempo libre

En general, las personas que se declaran satisfechas de la propia vida consiguen recortar espacios de tiempo para sí mismos. Las actividades en las cuales se empeñan son diversas: mirar la televisión, escuchar música, tocar un instrumento, hacer actividades deportivas, comprometerse con el voluntariado, frecuentar algún curso (de pintura, jardinería), formar parte de una asociación.

Intente ahora usted mismo hacer una lista de actividades agradables, prestando atención en indicar sólo aquellas (aunque sean pocas) que están a su alcance y que puede practicar cada vez que lo desee. Para evitar cualquier sensación de frustración, no considere las actividades que están fuera de su alcance. Una vez hecha la lista, decida la frecuencia con la que practicar las actividades escogidas y comprométase en respetarla.

....

....

....

....

....

....

Dedíquese a actividades que le proporcionen placer

Los entretenimientos pueden ser una fuente de felicidad por diversas razones:

• *Permiten adquirir o mejorar sus capacidades*. Es lo que sucede, por ejemplo, cuando una persona frecuenta un curso para aprender a pintar o para aprender una nueva lengua.

• *Favorecen la socialización*. Está claro que en este caso nos referimos a actividades del tiempo libre que se desarrollan junto a otras personas (participar en la vida de una asociación, jugar a fútbol, hacer una excursión).

• *Alimentan la propia autoestima*. Las actividades del tiempo libre pueden ser una ocasión para sentirse útiles (cuando por ejemplo nos comprometemos en una actividad de voluntariado) o para estar junto a aquellos que apreciamos o con los cuales compartimos nuestra visión del mundo. Esto puede ser un motivo de estímulo para nuestra autoestima.

• *Permiten conseguir objetivos personales*. Es lo que sucede cuando la persona frecuenta un curso de natación y mejora la propia técnica o su récord personal.

• *Relajan el cuerpo y la mente*. En condiciones de tensión y estrés, el cuerpo libera sustancias químicas que nos preparan para la acción. Con el ejercicio físico podemos utilizar tales sustancias de manera más productiva y consecuentemente sentirnos más relajados.

• *Permiten decidir de manera autónoma*. Cuando se tiene tiempo libre a disposición somos nosotros quienes decidimos cómo emplearlo. Esto nos hace sentir más dueños de nuestra vida.

• *Mantienen en forma*. Obviamente en este caso no nos referimos a pasatiempos sedentarios, sino a actividades que comportan movimiento.

El trabajo y la vida profesional

También el trabajo nos ayuda a ser mas felices. En general, las personas satisfechas con su vida profesional se declaran satisfechas de la propia vida. Pero no nos olvidemos de que, según Argyle, la fuente más importante de felicidad está en el matrimonio. Estar satisfechos del trabajo que se hace no es sencillo, porque depende de numerosos factores:

- desarrollar una actividad para la cual se necesita una cierta capacidad y responsabilidad;
- ser reconocidos por los propios méritos;
- saber que es posible ascender;
- tener claros los propios deberes y la política que sigue la empresa;
- saber que el propio trabajo es importante para los objetivos de la empresa;
- percibir que lo que se hace ha sido escogido y no impuesto;
- tener la posibilidad de participar en las decisiones que tienen que ver con el propio futuro profesional;
- trabajar en grupos pequeños;
- mantener buenas relaciones con los compañeros (ser aceptados, reconocidos y ayudados en los momentos de dificultad);
- mantener buenas relaciones con los superiores.

¿El sueldo puede ser un motivo de felicidad para el trabajador? Sí, siempre que sea adecuado al nivel de responsabilidad. De este principio general deriva una consecuencia aparentemente paradójica: si una persona gana mucho dinero pero considera que su posición es de escasa importancia, a pesar de esos beneficios económicos, se sentirá insatisfecha. En efecto, a final de mes se encontrará con un cheque jugoso, pero ese será el único motivo para continuar trabajando en la empresa. Con frecuencia, los directores se aprovechan de la insatisfacción de los cargos poco importantes; cada vez que quieren desembarazarse de un empleado que no les gusta (y no pueden recurrir al despido), intentan no asignarle ninguna tarea relevante. De este modo, están seguros de que con el tiempo el desafortunado se sentirá tan frustrado que se buscará otro trabajo.

La salud

Las personas que declaran ser felices, en general gozan de buena salud; esto es particularmente cierto para las personas ancianas. Para ellas, efectivamente, la salud juega un papel determinante.

Cuando consideramos los efectos del bienestar físico sobre la felicidad, recordemos que mantener activo nuestro organismo es importante, sea porque alimenta la autoestima, o bien porque refuerza el sistema inmunitario y favorece la adopción de costumbres sanas. Esto se refleja positivamente en nuestro estado de salud física y psicológica.

Obviamente existen otras fuentes de bienestar. Pero consideramos que las que hemos indicado son suficientes como estímulo para que empiece su viaje hacia la felicidad.

A continuación encontrará algunas sugerencias que pueden ser útiles en este sentido. Como podrá apreciar, algunos son simples recordatorios de argumentos e indicaciones ya tratados. Finalmente, las sugerencias que siguen no están organizadas según un orden riguroso, porque consideramos que objetivos tan importantes como el bienestar y la felicidad no pueden conseguirse a partir de un recorrido fijo. En consecuencia, de las páginas que siguen puede escoger sólo lo que le parezca adaptado a su situación. ¡Buena suerte!

Consejos para mejorar

Hemos llegado casi al final de nuestro viaje a través del estrés que nos aflige cada día. Para ayudarle a recordar prácticamente todo cuanto ha aprendido hasta aquí, le proponemos un resumen de la reglas que le podrán ser muy útiles si las practica con una cierta constancia:

- Evite participar en todas las competiciones que la vida le propone.
- Viva el presente.
- No se encierre en una torre de marfil: la vida pide participación.
- Recuerde que en algunos casos el camino más corto entre un problema insoluble y su solución consiste en un sueño reparador.
- Diga que no a las obligaciones que no puede cumplir.
- Si la vida no le sonríe como quisiera, evite enfadarse con las personas que le circundan.
- No luche contra molinos de viento.
- Dé una cierta regularidad a su vida.
- Recuerde que en algunos casos es mejor renunciar a algo que acumular bienes.
- Evite aplicar a los problemas de hoy las soluciones de ayer. Deje en su sitio el pasado.
- Intente frecuentar personas entusiastas de la vida.
- Cuando sienta que las preocupaciones empiezan a llenar su mente, párese. Haga un poco de «limpieza», elimine alguna.
- Organícese.
- Evite las malas costumbres: deje de fumar, no haga uso excesivo de bebidas alcohólicas, consuma una cantidad moderada de café, coma con moderación, etc.
- Haga alguna actividad física.
- Cuando sienta que llega la ansiedad, concédase una pausa. Deje de hacer lo que estaba haciendo, relájese durante algún minuto y después, si se siente capaz, vuelva a su ocupación.

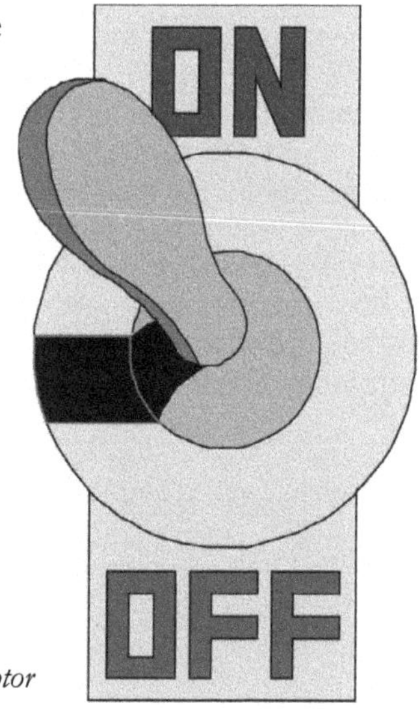

De vez en cuando apague el interruptor

- Encuentre tiempo para dedicarse a usted mismo.
- Reduzca las obligaciones al máximo.
- Rechace las peticiones que le parezcan absurdas.
- Preste atención a los síntomas del estrés.
- Si la rabia se le presenta en la consciencia, intervenga sosegadamente.
- Aprenda a ver el lado cómico de las situaciones.
- Cada vez que le sea posible, hágase un regalo.
- Aprenda a apreciar los aspectos positivos de las situaciones.
- Practique la relajación.
- Sea su mejor amigo.
- Aprenda a apreciar y utilizar sus cualidades.
- Acepte los retos que la vida le propone.
- Sea realista.
- No sea demasiado duro con usted mismo.
- Intente reconocer las cosas positivas que le suceden.
- Cuando se encuentre delante de una dificultad, no transforme el fastidio en catástrofe.
- Si nota que las cosas están empeorando, párese.
- Si siente necesidad de una intervención más personalizada, diríjase a un profesional.

Según usted, ¿qué ha decidido él?

DEFENDERSE DEL ESTRÉS DE LOS DEMÁS

Hemos visto cómo administrar el estrés y nuestra vida emocional; ahora es importante prestar mucha atención para mantener el equilibrio conseguido; para ello tendremos que aprender a defendernos de las personas estresadas. Esto le ayudará a no dejarse influir por su estilo de vida negativo. ¿Por qué algunas personas intentan por todos los medios continuar estando estresadas? Se pueden enumerar al menos seis motivos.

1. El estrés ayuda a parecer importantes. A alguien esta motivación podrá parecerle absurda, pero si piensa un poco, tal vez cambie de idea. Mire a su alrededor, observe a las personas que le rodean y que conoce: sus amigos, compañeros de trabajo, vecinos, etc. Seguramente encontrará alguno que, a pesar de la fatiga, no consigue decir nunca que no, que está siempre disponible y le gusta explicarle sus obras de beneficencia y el escaso reconocimiento que encuentra casi cotidianamente. Esta persona probablemente paga el precio del estrés para parecer útil e importante a los ojos de los demás.

2. El estrés hace parecer maduros. Con frecuencia a las personas les cuesta distinguir entre maduro e inmaduro. Algunas creen que quien se muestra despreocupado, que parece feliz y con la sonrisa en los labios, no es más que un privilegiado que no ha probado nunca el sabor amargo de la vida. La persona «madura», al contrario, sabe que la vida significa renuncia, abnegación, privación, sudor: en una palabra, estrés. Si conoce alguien que se ajusta a esta descripción, aléjese de él.

3. El estrés ofrece una excusa siempre a mano. Muchas personas prefieren estar estresadas porque de esa manera tienen a su disposición una palabra mágica: estrés. Esto les permite liberarse de decir lo que piensan. En otras palabras, antes que decir: «Lo siento, pero creo que no es mi obligación», dicen: «Estoy demasiado estresado, que lo haga otro».

4. El estrés libera de las responsabilidades. Esta motivación es una consecuencia lógica de la precedente. A muchas personas el estrés les resulta muy útil porque les permite justificarse delante de todos por sus comportamientos inadecuados: responder mal, gritar, no decidir lo que hay que hacer (no tomar la responsabilidad de una decisión), etc.

5. El estrés evita tener que ayudar a los demás. Quien necesita apoyo no se dirige a una persona que tiene ya tantos problemas. Obviamente, los estresados consideran no tener ninguna culpa, pues son las presiones las que los empujan a su vida infeliz y fatigosa, y les impiden estar disponibles.

6. El estrés ayuda a evitar los éxitos. También esta motivación puede parecer incomprensible; efectivamente, ¿por qué alguien debería hacer algo para evitar tener éxito? Aunque le pueda parecer extraño, existen personas que prefieren decirse a sí mismas: «No puedo hacerlo porque estoy bajo presión» antes que correr el riesgo de probar y fracasar.

¿QUÉ PODEMOS HACER PARA CONTINUAR ESTRESADOS?

Probablemente ya es capaz de responder por usted mismo a esta pregunta, puesto que la experiencia personal del estrés y la información que ha obtenido en este libro son más que suficientes para hacer una larga lista. A continuación, hacemos un pequeño resumen de las cosas que las personas hacen para estresarse lo máximo posible:

- ✓ Anteponer las propias necesidades a todo y a todos.
- ✓ Evitar la actividad física; hace perder tiempo y dinero.
- ✓ Evitar las relaciones sociales.
- ✓ Considerar las críticas como una ofensa personal y, apenas sea posible, vengarse.
- ✓ Enseñar los dientes a cualquiera, evitando así sorpresas desagradables (pero también positivas).
- ✓ Cuando se presenta un problema, buscar una solución capaz de complicar verdaderamente la situación.
- ✓ Empeñarse en perseguir un objetivo irrealizable.
- ✓ Darlo todo al trabajo. Renunciar a las vacaciones, cuando se está en casa continuar pensando en el trabajo, hacer horas extraordinarias continuamente, estar disponibles para cualquier tipo de trabajo.
- ✓ Intentar aparecer siempre como «el duro de la película»: no mostrar nunca las propias emociones (excepto la rabia) y las debilidades.
- ✓ Vivir más allá de las propias posibilidades. Todos tienen derecho a satisfacer sus propios deseos.
- ✓ No alegrarse nunca de los resultados conseguidos.
- ✓ Intentar ser perfectos en cualquier actividad.
- ✓ Intentar cambiar algo que está fuera de su control.
- ✓ Preocuparse por el futuro.
- ✓ En cualquier situación intentar tener siempre un lugar en primera fila.
- ✓ Enfadarse cuando alguien no está de acuerdo con el propio punto de vista.
- ✓ Demostrar desconfianza en la humanidad.
- ✓ Recordar siempre que las propias fatigas son más pesadas y necesitan más dedicación que las de los demás.

www.ingramcontent.com/pod-product-compliance
Lightning Source LLC
La Vergne TN
LVHW020310081026
849530LV00055B/73